# PERSPECTIVES

## Advanced French passages for comprehension and language practice

Peter J. Davies

HODDER AND STOUGHTON
LONDON SYDNEY AUCKLAND TORONTO

**British Library Cataloguing in Publication Data**

Davies, Peter J.
  Perspectives : passages for French
  comprehension and language practice.
  1. French language——Examinations.
  questions, etc.
  I. Title
  448.2′421     PC2112

  ISBN 0 340 40729 8

First published 1987
Third impression 1990

Typeset by Macmillan India Ltd,
Bangalore 25

Printed in Great Britain
for Hodder and Stoughton Educational
a division of Hodder and Stoughton Ltd, Mill Road,
Dunton Green, Sevenoaks, Kent by
Richard Clay Ltd, Bungay, Suffolk

# Contents

# Preface

This book has been specially written to provide an authentically based and wide-ranging teaching resource to reflect the requirements of the new or revised post-GCSE French examination syllabuses and courses. The book is suitable both for A-level study and for the French-language option of national BTEC courses, while the range of exploitation material contained in each of the twenty-two units, graded in order of difficulty, also includes grammatical and lexical practice for the Use of French elements that form part of other A-level syllabuses.

Each unit begins with a substantial passage of French taken from literary or journalistic sources accompanied by a vocabulary checklist which explains the more difficult lexis and a brief oral or written assignment, linked to the passage content, which students may complete individually or as group/pairwork practice. A set of detailed comprehension questions on the passage to be answered in English is then followed by a broad and varied selection of exploitation exercises, intended to act more as a teaching/learning medium rather than as a means of testing or assessment, which reinforce the grammatical and lexical content of the passage. Further assignments aiming to encourage the use of spoken or written French (including translation work) are included in the support material. Each unit concludes with a range of suggestions for class discussion work in French based on the issues raised in the introductory passage or arising from the unit topic. These discussion exercises may then be used, at the teacher's discretion, as a practical preparation for essay or report writing, perhaps as homework or modular assignments. It is hoped, therefore, that the unit passage will provide students not only with opportunities to exercise and improve their knowledge of written and spoken French but also offer them a stimùating and realistic contact with contemporary French issues and ideas.

An appendix at the back of the book contains actual (or specimen) comprehension papers for the new, revised AEB and Oxford A-level examinations so that students may see for themselves what standard they will be expected to attain and how they should answer the set questions to achieve the best results.

PETER J. DAVIES

# 1

# The Playground Protector

Mère m'embrassa trois ou quatre fois pour me donner courage. Elle me serrait très fort, humait à petits coups mes cheveux et faisait entendre un léger ronron, comme les gourmets quand ils mangent quelque chose de fin.

Puis maman, d'un coup d'œil, inspecta mon équipement: le tablier de cheviote noire, le grand béret, la pèlerine à capuchon, mon cartable neuf.                                                         5

—Ça va bien, dit-elle. Ferdinand est prêt. Vous allez partir. J'ai vu le directeur. On vous attend là-bas. Désiré Wasselin vous conduira. Il est de ta classe, Laurent, et c'est déjà presque un petit homme.

Désiré nous attendait sur le palier, car nous habitions porte à porte. Il avait l'âge de Ferdinand, trois ans de plus que moi, pas davantage; mais c'était un colosse. De larges       10
pieds, de grosses mains toujours moites, une tête globuleuse, bossuée, avec des yeux noirs, enfouis, au regard désolé. Il devait être laid pour les étrangers, et pourtant il me plut, tout de suite, il me toucha le cœur. Je lui pris la main avec beaucoup de confiance et d'élan. Sa mère était debout contre leur porte. Je la vis à peine, ce matin-là. C'était une personne au visage flétri, assez belle encore, malgré sa mise négligée.                                            15

—Votre fils a l'air si doux! disait maman.
Et Mme Wasselin répondait d'une voix rauque:
—C'est un ange, un ange! Et pas vicieux comme les autres.

Nous descendions cependant l'escalier. Je me sentais soulevé d'une gratitude exquise pour ce fort garçon dont la patte chaude serrait mes doigts. Ferdinand trottait derrière        20
nous, avec cet air un peu égaré que lui donnait, que lui donne toujours sa myopie. Il dit, à un certain moment:
—Tu es plus grand que moi, Désiré. Et tu es seulement dans la classe de Laurent?
—Oh! moi, répliqua Désiré, moi, je suis un mauvais élève.
Ferdinand gloussa doucement. Cette confidence l'étonnait. Il était lui-même considéré       25
comme un élève médiocre et mal doué; mais il travaillait et il en tirait orgueil, car il ne pouvait, dès cet âge enfantin, concevoir qu'un effort grand et douloureux dût, en bonne justice, demeurer stérile.
Comme nous cheminions dans le brouhaha matinal, il harcelait Désiré de questions:
—Tu ne travailles pas?                                                                            30
Désiré secoua la tête.
—Non.
—Tu n'aimes pas ça?
—Non.
—Tu ne comprends pas ce qu'il y a dans tes livres?                                                35
—Si.
—Alors? fit Ferdinand stupéfait.
Désiré hochait lentement sa grosse tête.
—Ça ne m'intéresse pas.

—Ah! Et qu'est-ce qui t'intéresse, toi? Rien?                                    40
—Si.
—Quoi?
—Des choses, des choses . . .
Désiré rougit très fort et ne dit plus rien. Les gros camions du chemin de fer de l'Ouest,
tirés par des percherons satinés, ébranlaient le pavage. Nous arrivions rue Desprez.        45
La cour fourmillait d'enfants dont les cris me terrifièrent, ignorant que j'étais encore de
l'école et de ses coutumes. Un gringalet grimaçant s'approcha de moi, saisit mon béret et
prit la fuite. J'étais perdu. Désiré, sans bouger, fit alors entendre une voix énorme et
brutale. Il criait, comme pour appeler un chien:
—Ici, Gabourin! Ici!                                                             50
Le gringalet revenait, l'air soumis, presque rampant. Il tendit le béret en prenant
maintes précautions pour ne pas recevoir une torgnole. Désiré grondait:
—Va-t'en!
—Toi, tu es fort, soupira Ferdinand, soudain respectueux.
Presque à voix basse, Désiré Wasselin répondit:                                  55
—Oui.
Puis il nous entraîna vers un gros homme à barbiche blanche et fit le salut militaire,
avant de nous présenter.
—Monsieur le Directeur, voilà les petits Pasquier.
—Bien, dit le gros homme. Charge-toi du plus jeune. Je vais m'occuper de l'autre.   60
Là-dessus, le directeur introduisit un sifflet d'étain entre les poils de sa barbe, et,
gonflant ses joues, siffla.

Georges Duhamel:
*Le notaire du Havre*

## VOCABULARY

bossué   *misshapen, bulging*
glousser   *to chuckle, chortle*
harceler (de)   *to pester (with)*
cheminer   *to walk along; trudge*
un gringalet   *shrimp, skinny kid*
une torgnole   *cuff, blow*

la barbiche   *goatee beard*
le percheron   *dray horse (breed)*
d'étain   *(made of) tin*

| |
|---|
| **ignorer** = _____? |
| *to ignore* = _____? |

## QUESTIONS

1. Explain the writer's reference to 'gourmets' in line 2. How effective is it?
2. Describe how Laurent is dressed and equipped. What is he about to do?
3. What is Désiré's rôle in the proceedings? Suggest **three** reasons for his having
   been chosen for it, according to the information contained in the passage.
4. Briefly describe Désiré's appearance. What effect did it have upon Laurent in
   contrast to the impression it might have had on other people?
5. In what ways does Ferdinand react to Désiré in the course of this excerpt?

Give reasons for these various reactions, as indicated in the passage.

6. What vehicles are mentioned?
7. Describe the scene in the playground. How does the incident concerning Gabourin reflect upon the character of Désiré?
8. What attitudes are shown to each other by the headmaster and Désiré? What does the headmaster finally do?

---

Your school/college is arranging an exchange with a similar establishment in France and requires information about each, member of the party. Working with a partner, draw up a 'profile card' with all headings and information **in French** (to be sent to the French organisers) giving the following details about yourself:

*Full name — Sex — Date of birth — Home address and Telephone No. — Subjects studied — Sporting and/or Leisure interests — Family composition — type of accommodation offered to French visitor.*

---

## EXERCISES

**1** Form **adjectives** from each of these nouns and then give brief examples of your own:

| | | | |
|---|---|---|---|
| orgueil | _____ | école | _____ |
| matin | _____ | barbe | _____ |
| enfant | _____ | fuite | _____ |

**2** 'un léger ronron' (1.2): (ronronner *to purr*). Here the sound of the word echoes the meaning and is called an 'onomatopoeia'. Look at these words and then give the French verb which echoes the meaning in each case.

| | | | |
|---|---|---|---|
| to hiss/whistle | _____ | to murmur | _____ |
| to gurgle | _____ | to whisper | _____ |
| to snore | _____ | to blow | _____ |

**3** Explain the meaning of each of the following phrases:

*(a)* avec cet air un peu égaré que lui donnait . . . sa myopie. (l. 21)
*(b)* —Alors? fit (Ferdinand) stupéfait. (l. 37)
*(c)* ignorant que j'étais encore de l'école et de ses coutumes. (ll. 46–7)
*(d)* l'air soumis, presque rampant. (l. 51)
*(e)* Charge-toi du plus jeune. (l. 60)

**4** Choose **four** of these verbs taken from the passage, which are all connected with movement, and write brief illustrative examples of your own:

| | | |
|---|---|---|
| conduire | hocher | s'approcher de |
| bouger | fourmiller | entraîner |

(Your tutor may wish to specify what Tense(s) you should use.)

5 Look at this example taken from the passage:

'(Maman) faisait entendre un léger ronron . . . '

Now use the following in sentences of your own which clearly bring out the meaning in each case. NB: Use a different tense for each.

*(a)* faire réparer    *(b)* faire sauter    *(c)* faire repeindre

6 Translate into French, making reference to the passage where necessary:

*(a)* James was three years older than I and a very gifted pupil besides.
*(b)* I had hardly more than ten francs in my new satchel. Nothing very interesting!
*(c)* The headmaster glanced at the children in the playground before blowing his whistle.
*(d)* My mother was squeezing my hand and sighing loudly. She looked worried.
*(e)* Someone came up to me, grabbed my cap and ran off with a terrifying shout.

7 Give two different meanings for each of the following words:

plut    si    bas    puis    entre    revenant

---

Now explain to your partner **in French** that you intend to organise the following activities. Take it in turns to ask and answer:

You are going to have your hair cut at the weekend.
You are going to be made up for a part in the school/college play.
You are going to have the oil in your car/scooter checked.
You are going to have the lock on your front door changed.

---

8 Insert one word/expression from the box in each of these blanks. Use each **once** only.

*(a)* ____ aller à la piscine nous nous sommes promenés ____ la plage.
*(b)* ____ à la porte tout ____ moi, mon grand-père regardait les passants.
*(c)* Je te retrouverai ____ Havre ____ une ____ heure ____ le bateau part à trois heures et ____. Il faut arriver ____ heure!

*(d)* Vous n'avez-pas ___ argent? Il faut obtenir ___ argent français au bureau ___ change ___ alentours ___ Havre ___ déjeuner.

| de    | près de    | dans | au   | demi   |
|-------|------------|------|------|--------|
| du    | au lieu d' | sur  | à l' | demie  |
| de l' | avant de   | car  | aux  | debout |
| d'    |            |      |      |        |

## Discutez en français

1. Racontez en français ce qui s'est passé dans cet extrait. Est-ce que vous le trouvez amusant/intéressant/émouvant?
2. Décrivez le caractère de Désiré Wasselin. Quelle impression a-t-il fait sur le jeune Laurent?
3. Vos souvenirs comme élève. Est-ce que vous avez des incidents semblables à raconter?
4. Décrivez quelqu'un que vous connaissez très bien-un(e)collègue, peut-être, ou un(e) camarade de classe.

# 2

# Suspended Animation

*The Algerian town of Oran is sealed off following an outbreak of plague . . .*

Depuis la fermeture, pas un véhicule n'était entré dans la ville. A partir de ce jour-là, on eut l'impression que les automobiles se mettaient à tourner en rond. Le port présentait aussi un aspect singulier, pour ceux qui le regardaient du haut des boulevards. L'animation habituelle qui en faisait l'un des premiers ports de la côte s'était brusquement éteinte.                                                                                           5

Malgré ces spectacles inaccoutumés, nos concitoyens avaient apparemment du mal à comprendre ce qui leur arrivait. Personne n'avait encore accepté réellement la maladie. La plupart étaient surtout sensibles à ce qui dérangeait leurs habitudes ou atteignait leurs intérêts. Ils continuaient ainsi de circuler dans les rues et de s'attabler à la terrasse des cafés. Dans l'ensemble, ils n'étaient pas lâches, échangeaient plus de plaisanteries que de   10
lamentations et faisaient mine d'accepter avec bonne humeur des inconvénients évidemment passagers. Les apparences étaient sauvées. Vers la fin du mois, cependant, des transformations plus graves modifièrent l'aspect de notre ville. Tout d'abord, le préfet prit des mesures concernant la circulation des véhicules et le ravitaillement. Le ravitaillement fut limité et l'essence rationnée. On prescrivit même des économies d'électricité. Seuls, les   15
produits indispensables parvinrent par la route et par l'air, à Oran. C'est ainsi qu'on vit la circulation diminuer progressivement jusqu'à devenir à peu près nulle, des magasins de luxe fermer du jour au lendemain, pendant que des files d'acheteurs stationnaient devant leurs portes. Le nombre des piétons devint plus considérable et même, aux heures creuses, beaucoup de gens réduits à l'inaction par la fermeture des magasins ou de certains bureaux   20
emplissaient les rues et les cafés. Pour le moment, ils n'étaient pas encore en chômage, mais en congé.

Naturellement, les cinémas profitaient de ce congé général et faisaient de grosses affaires mais, après quelque temps, ils finirent par projeter toujours le même film. Leurs recettes cependant ne diminuaient pas.                                                                                          25

Les cafés enfin, grâce aux stocks considérables accumulés dans une ville où le commerce des vins et des alcools tient la première place, purent également alimenter leurs clients. A vrai dire, on buvait beaucoup. Un café ayant affiché que 'le vin probe tue le microbe,' l'idée déjà naturelle au public que l'alcool préservait des maladies infectieuses se fortifia dans l'opinion.                                                                                                30

Albert Camus: *La Peste* (abridged)

## VOCABULARY

le ravitaillement  *replenishment of supplies*
prescrire  *to prescribe, order*

## QUESTIONS

1. What were the immediate effects of the town's closure?
2. Describe the inhabitants' initial reactions to this and explain the reasons for their reactions.
3. Summarise the **general** behaviour of the populace.
4. What official measures came into operation later on? On whose authority?
5. How, and to what extent, was the town kept supplied?
6. Describe the impact these various measures had upon *(a)* street life, *(b)* employees, *(c)* shops.
7. Describe how *(a)* cinemas and cafés were affected;
                    *(b)* how they managed to stay in business.
8. What café slogan was particularly successful? Why?

## EXERCISES

1 Rewrite any **three** of the following phrases in your own French without any essential change of meaning. Refer to the actual context in each case.

*(a)* (Le port) présentait aussi un aspect singulier.  (ll. 2–3)
*(b)* faisaient mine d'accepter . . . des inconvénients.  (l. 11)
*(c)* jusqu'à devenir à peu près nulle.  (l. 17)
*(d)* aux heures creuses.  (l. 19)
*(e)* (les cinémas) . . . faisaient de grosses affaires.  (l. 23)

2 Use each of these expressions in sentences of your own:

à partir de    quant à       de haut de    sensible à
grâce à        pendant que   depuis        malgré

3 Complete the following table. Each of the words in the first column is taken from the passage.

|            | Tense or Part of Speech | Infinitive Form | Meaning |
|------------|------------------------|-----------------|---------|
| éteint(e)  |                        |                 |         |
| vit        |                        |                 |         |
| parvinrent |                        |                 |         |
| ayant      |                        |                 |         |
| eut        |                        |                 |         |
| atteignait |                        |                 |         |
| devint     |                        |                 |         |

**4** Translate into French, referring to the passage where necessary:

    *(a)* Having been on leave for a month, the office workers agreed to resume work at the end of the week.

    *(b)* To tell the truth, there was too much gossiping going on—which annoyed me.

    *(c)* I had the impression that most people didn't understand what was happening to them. They had begun to lose their good humour, however.

    *(d)* Nobody complained, but they were all making savings in food and electricity.

    *(e)* In spite of the unemployment the cafés were full of customers and making good profits.

**5** Give the English for the following extracts from the passage:

    *(a)* 'les automobiles se mettaient à tourner en rond'      (l. 2)

    *(b)* 'La plupart (des concitoyens) étaient sensibles à ce qui
dérangeait leurs habitudes'      (ll. 7–8)

    *(c)* 'réduits à l'inaction'      (l. 20)

    *(d)* 'Les cafés . . . purent également alimenter leurs clients'      (ll. 26–7)

    *(e)* 'le vin probe tue le microbe'      (l. 28)

**6** Write brief examples illustrating two different meanings or uses of each of the following words taken from the passage:

singulier    arriver    personne    passager    mal

### Discutez en français

1. Décrivez une ville ou une région française que vous connaissez.
2. Avec votre partenaire, discutez quels préparatifs vous feriez si l'électricité allait être coupée chez vous.
3. Décrivez en détail un accident de la route dont vous avez été témoin.
4. Les dangers de l'alcool: composez quelques slogans en français pour dissuader les jeunes de boire à l'excès.
5. Expliquez comment vous pourriez vous occuper pendant une période de chômage.

# 3

# Treasure Island

Quand votre avion atterrit sur la piste en herbe, tracée au bout de l'île entre deux rangées de cocotiers, ils sont là pour vous accueillir. Vous saurez tout de suite que vous n'êtes pas des clients ordinaires, mais quelque chose comme, disons, des amis d'amis. Il a l'œil bleu qui brille, elle a un sourire qui éblouit. Ils ont la poignée de main chaleureuse. Ce sont Pierre et Suzanne Burkhardt. Riche homme d'affaires, vie trépidante mondaine et 5 fatigante, il décida de tout abandonner et d'acheter une île pour s'y établir en famille avec ses quatre enfants. Après quelques recherches, il trouva son paradis. Denis, île extraordinaire, 130 hectares, des plages superbes, une mer exceptionnellement poissonneuse, des cultures de coprah, un petit village, quelques tortues géantes. Il s'y installa et construisit six bungalows pour ses amis, puis commença à s'ennuyer. On ne 10 s'improvise pas oisif . . . . C'est ainsi que se succèdent douze puis vingt-quatre bungalows. Il fit poser l'électricité, bâtir un terrain d'aviation, importa des vaches laitières, des cochons, des poules. Et décida de recevoir des hôtes payants. (Si vous avez décidé de jouer les Robinson, c'est possible, mais vous serez peut-être obligé de redevenir civilisé le temps du dîner. Là on se retrouve habillé entre gens de bon ton: quelques stars, un champion de 15 tennis, deux couples en voyage de noces, un écrivain, deux journalistes et vous.)

L'île a deux facettes. Du côté de l'aéroport, les vacances, les palmiers, les fleurs, les bateaux de pêche, les planches à voile. De l'autre côté, qui reste souvent inconnu de ses visiteurs nonchalants, une ferme, un vieux village avec son séchoir à coprah et ses deux prisons, une pour les hommes, l'autre pour les femmes. Vides, rassurez-vous! Et son 20 phare, le plus grand des Seychelles, construit en 1910. Des cochons dans leur porcherie, des vaches dans leur étable; et dans les jardins potagers, bien rangés, des légumes, des laitues et toutes sortes de fruits exotiques qui finiront dans votre assiette.

C'est Monsieur Denis de Trobiant qui, le 11 août 1773, commandant la flotte du Roi, aperçoit le premier une île alors qu'il faisait route vers Pondichery. Il en prit donc 25 possession au nom du Roi de France. Des occupants se succédèrent. Les uns faisaient le commerce d'esclaves, d'autres de viande de tortue. En 1883, un navire anglais vint se fracasser contre les coraux de l'île. Son trésor, recueilli par les indigènes, serait resté caché sous les palmiers. On cherche encore . . . .

Le premier jour, le visiteur veut tous les connaître: planche à voile, tennis, il explore les 30 profondeurs sous-marines, il expérimente le bateau à fond de verre, fait un peu de voile. Il ne reste même plus de temps pour le farniente!

Si vous aimez la pêche au gros, vous prendrez un bateau avec le barbu Tom, un des fils Burkhardt. Avec lui, vous traquerez les barracudas à la mâchoire étonnante, les thons jaunes, à dents de chien et le roi des mers, le marlin noir qui pèse près de 500 kilos et ne se 35 rend qu'après neuf heures de combat. Vous croiserez des bancs de dauphins, des petites baleines et des requins dormeurs.

Vous pourrez tout faire, le temps passera comme l'éclair. Mais si je peux me permettre de donner un avis, le meilleur, c'est de rester là, tranquille, à lire ou pas, à bronzer ou peut-être à faire de la planche sur le lagon immobile et tiède. Surtout ne quittez pas des yeux la 40 mer émeraude puis bleue, puis émeraude jusqu'à ce que vos paupières s'alourdissent et que vous succombiez au sommeil.

Anne Braillard in *Paris Match* (abridged)

## VOCABULARY

le cocotier   *coconut palm*
trépidant   *hectic, busy*
le coprah   *dried kernel of coconut (from which coconut oil is obtained), copra*
un hectare   $2\frac{1}{2}$ *acres (approx.)*
la tortue   *tortoise*
on ne s'improvise pas . . .
*you don't become . . . just like that* (i.e. *so easily*)

la planche à voile   *sailboard*
(un voilier = ____?)
se fracasser   *to be shattered/smashed up*
les indigènes   *native inhabitants*
le farniente   *idleness, doing nothing*
croiser   *to cross, come across, pass*

---

Ne quittez pas (*on telephone*) = _____?

---

## QUESTIONS

1. Describe *(a)* the airfield mentioned at the beginning of the passage;
   *(b)* the welcome that visitors can expect to receive on arrival.
2. How does Pierre Burkhardt's former life compare with his present one? What reason(s) does the passage suggest for the transition?
3. What did Pierre Burkhardt initially create on the island? Why? Explain how this original scheme was expanded.
4. What do you think the writer means by: 'Si vous avez décidé de jouer les Robinson' (ll.13–14)? How relevant is it within the context?
5. Briefly describe the local native economy of the island at the present time. What other trades were practised in earlier years?
6. Explain how the island came to acquire its name.
7. What 'treasure' is mentioned? Where is it?
8. What details are we given about each of the following fish: *(a)* barracuda; *(b)* tunny-fish/tuna; *(c)* marlin?
   What other fish are mentioned?
9. Summarise the advice the writer offers at the end of the passage.

---

Imagine you are preparing a tourist brochure for the island. Give a suitably alluring description of as many of its attractions (modern, man-made and indigenous) as you can reasonably include. Write about 120 words in all, first in English then in French.

---

## EXERCISES

**1** Write brief definitions **in French** of **four** of the following:

*(a)* un 'bungalow'　　(l. 10)　　*(d)* une planche à voile　　(l. 18)
*(b)* un phare　　(l. 21)　　*(e)* un lagon　　(l. 40)
*(c)* un jardin potager　　(l. 22)

**2** Translate the following excerpts from the passage:

*(a)* 'elle a un sourire qui éblouit'　　(l. 4)
*(b)* 'une mer exceptionnellement poissonneuse'　　(ll. 8–9)
*(c)* 'gens de bon ton'　　(l. 15)
*(d)* 'souvent inconnu de ses visiteurs nonchalants'　　(ll. 18–19)
*(e)* 'il expérimente le bateau à fond de verre'　　(l. 31)
*(f)* 'la pêche au gros'　　(l. 33)

**3** Write brief sentences in French illustrating the use and meaning of each of these words:

*(a)* élan　　*(b)* éclat　　*(c)* éclair

**4** Give the French for:

*(a)* a beautiful white sandy beach　　*(e)* brightly-coloured fish
*(b)* a reddish sunset　　*(f)* dark underwater shapes
*(c)* a light blue dress　　*(g)* the vast emerald sea
*(d)* a dark green boat　　*(h)* a leaden sky

**5** Translate the following sentences, based upon the contents of the passage, into accurate French, to include an appropriate form of the word in brackets in each:

*(a)* Allow me to introduce my bearded friend, André, to you.　　*(permettre)*
*(b)* As my eyelids grew heavier I gradually dozed off on the beach.　　*(s'alourdir)*
*(c)* You may be required to dress for dinner!　　*(obliger)*
*(d)* Until you visit the island you will just have to go board-sailing on a local lake.　　*(jusqu'à)*
*(e)* _____　　*(jusqu'à ce que)*

**6** Give the **opposite** of the following, noun for noun, tense for tense etc., and use **one** word only in each case (apart from *le/la*):

l'atterrissage _____　　construit _____　　habillé _____
caché _____　　tranquille _____　　naquit _____
l'achat _____　　courageux _____　　souvent _____
　　　　　　　　　　　　　　　　　　embauché _____

**Discutez en français**

1. 'Jouer les Robinson': est-ce que ça vous plairait? Où voudriez-vous le pratiquer? Quelle est votre idée d'un 'paradis'?
2. 'Civilisé': qu'est-ce que cela signifie pour vous?
3. Le monde sous-marin. Les plaisirs de la pêche? (Un sport cruel, ou non?)
4. L'oisiveté: une nécessité parfois, ou une simple perte de temps? Qu'en pensez-vous?

# 4

# R.S.V.P.

*The young Marcel Pagnol receives a letter from his unschooled country friend, Lili, and prepares a reply . . .*

Sur la table, près de mon assiette, une envelloppe jaune portait mon nom, tracé en lettres inégales sur une ligne retombante.

'Je parie,' dit mon père, 'que ce sont des nouvelles de ton ami, Lili!'

Je n'arrivai pas à ouvrir l'enveloppe, dont je déchirai tour à tour les quatre coins: mon père la prit, et de la pointe d'un couteau, en découpa le bord avec une habileté de 5 chirurgien.

Il en tomba d'abord une feuille de sauge, et une violette séchée.

Sur trois feuilles d'un cahier d'écolier, avec une grosse écriture, dont les lignes ondulantes contournaient des taches d'encre, Lili me parlait,

O collègue! 10

je met la main à la Plume pour te dire que les grive sont parti. comme Toi. jen n'ai pas prit Deux. les perdrots non plus. j'y vais plus cé pas la pène. il veau bien mieux Travaillé à l'École pour apprendre l'Ortograffe autrement quoi? c'est pas posible. même des saludes il n'y a pas guaire. elles sont peutites, les soiseaux en veut pas. Cet Malheureut, tu as de la Chanse de pas être ici cet un Dézastre. je me langui que tu vien. alor, les 15 Soiseaus tant bien, et les perdrots — et les Grive pour noël. je t'envois une feuille de soge pour toi et une viollète pour ta mère.

ton ami pour la vie Lili.

ça fet trois jours que je t'écrit, pasque le soir je continut. ma Mère est contante. èle se croit que je fêt mes Devoirs. Sur mon Cahier. Après, je décire la paje. le tonère a escagasé 20 le grand Pin de Lagarète. et en plus il fet froid, avec mistralle. tous les jours à la chasse j'ai les Pieds glassés. Adessias. je me langui de toit. mon adrèse: les Bélons parlavalantine. France. le facteur s'apèle Fernan, tout le monde le connet, il ne peut pas se trompé. il me connet très Bien. moi aussi.

ton ami pour la vie. Lili. 25

Il ne fut pas facile de déchiffrer cette écriture que l'orthographe n'éclairait guère. Mais mon père, grand spécialiste, y parvint, après quelques tâtonnements. Il dit ensuite:

'Il est heureux qu'il lui reste trois ans pour préparer le certificat d'études!'

Puis il ajouta en regardant ma mère:

'Cet enfant a du cœur, et une vraie délicatesse.' 30

Enfin, il se tourna vers moi.

'Garde cette lettre. Tu la comprendras plus tard.'

Je la pris, je la pliai, je la mis dans ma poche, et je ne répondis rien: j'avais compris bien avant lui.

Le lendemain j'allai au bureau de tabac, et j'achetai une très belle feuille de papier à 35 lettres. Elle était ajourée en dentelle sur les bords, et décorée, en haut à gauche, par une hirondelle imprimée en relief, qui tenait dans son bec un télégramme. L'enveloppe, épaisse et satinée, était encadrée par des myosotis.

Dans l'après-midi du jeudi, je composai longuement le brouillon de ma réponse. Je le plaignis d'abord, à cause de la disparition des grives, et je lui parlais ensuite de mes travaux    40
scolaires, des soins attentifs dont j'étais l'objet, et de la satisfaction de mes maîtres. Enfin, après avoir donné des nouvelles de la famille—qui me semblait en pleine prospérité—je le priai de présenter mes condoléances au pin 'escagassé' de la Garette, et je terminai par des paroles d'amitié fervente, que je n'aurais jamais osé lui dire en face.

Je relus deux fois ma prose, et j'y apportai quelques corrections de détail; puis, armé    45
d'une plume neuve, je la recopiai, un buvard sous la main et la langue entre les dents.

Ma calligraphie fut soignée, et mon orthographe parfaite, car je vérifiai, au moyen du Petit Larousse, quelques mots douteux. Le soir, je montrai mon ouvrage à mon père: il me félicita, et déclara que c'était une belle lettre.

Le soir, dans mon lit, je relus le message de Lili, et son orthographe me parut si comique    50
que je ne pus m'empêcher d'en rire . . . Mais je compris tout à coup que tant d'erreurs et de maladresses étaient le résultat de longues heures d'application, et d'un très grand effort d'amitié: alors, je me levai sans bruit sur mes pieds nus, j'allumai la lampe à pétrole, et j'apportai ma propre lettre, mon cahier et mon encrier sur la table de la cuisine. Toute la famille dormait: je n'entendais que la petite musique du filet d'eau qui tombait dans la cuve    55
de zinc, au-dessus de l'évier.

Je commençai par arracher d'un coup sec, trois pages du cahier: j'obtins ainsi les dentelures irregulières que je désirais. Alors, avec une vieille plume, je recopiai ma trop belle lettre, en supprimant la phrase spirituelle qui se moquait de son tendre mensonge. Je supprimai aussi au passage, les 's' paternels; j'ajoutai quelques fautes d'orthographe, que    60
je choisis parmi les siennes: les perdrots, le dézastre. Enfin, je pris soin d'émailler mon texte de quelques majuscules inopinées. Ce travail délicat dura deux heures, et je sentis que le sommeil me gagnait . . . Pourtant, je relus sa lettre, puis la mienne. Il me sembla que c'était bien, mais qu'il manquait encore quelque chose: alors, avec le manche de mon porte-plume, je puisai une grosse goutte d'encre, et sur mon élégante signature, je laissai tomber    65
cette larme noire: elle éclata comme un soleil.

Marcel Pagnol: Le Château de ma Mère (abridged)

## VOCABULARY

| | |
|---|---|
| parier  *to bet, wager* (un pari) | 'escagasé' = (escagassé)  *blasted,* |
| l'habileté (f)  *skill, deftness* | *shattered* |
| la grive  *thrush* | l'orthographe (f)  *spelling* |
| une alude  *winged ant* | le myosotis  *forget-me-not* |
| le perdreau  *young partridge (pl.-x)* | le brouillon  *rough draft* |
| Adessias  *Adieu (Provençal dialect)* | la calligraphie  *fine handwriting* |
| | la dentelure  *jagged/wavy edge* |
| | la majuscule  *capital letter* |

## QUESTIONS

1. Compare the ways in which Marcel and his father deal with the opening of the envelope.
2. What **five** things does the envelope contain?

3. Comment upon the style and language of Lili's letter, and suggest why Marcel says 'Lili me parlait' (l. 9).
4. What are Lili's main interests, as exemplified in his letter?
5. What does Marcel's father think of Lili's letter and its writer?
6. In what ways does the note-paper Marcel buys reflect the content of Lili's letter?
7. Describe Marcel's first letter to Lili.
8. How does Marcel react initially on re-reading the letter from Lili?
9. What does he suddenly realise?
10. Describe his second letter. How does it differ from the first? Explain why.

> Students may wish to rewrite Lili's letter in correct, grammatical French!

## EXERCISES

1 Look at this example: 'mon père y parvint . . .' (*i.e., parvenir+à*) Now translate the following, using the verb provided in each case:

| | |
|---|---|
| (a) We've done it at last! | (*réussir à*) |
| (b) Hunting? Yes, he's interested in it. | (*s'intéresser à*) |
| (c) I was just thinking about it. | (*songer à*) |
| (d) Are you getting used to it? | (*s'habituer à*) |
| (e) She finally managed it. | (*parvenir à*) |
| (f) The meeting? Yes, I was present at it. | (*assister à*) |

2 Complete the following table:

| BIRDS | | | PLANTS | | |
|---|---|---|---|---|---|
| une hirondelle | = | Swallow | la violette | = | violet |
| un faucon | = | _____ | _____ | = | buttercup |
| une mouette | = | _____ | _____ | = | bluebell |
| un serin | = | _____ | _____ | = | rosemary |
| un chardonneret | = | _____ | _____ | = | mint |
| un merle | = | _____ | _____ | = | parsley |
| un rouge-gorge | = | _____ | _____ | = | garlic |
| une colombe | = | _____ | _____ | = | dandelion |
| un hibou | = | _____ | _____ | = | daffodil |
| une oie | = | _____ | _____ | = | daisy |
| un moineau | = | _____ | _____ | = | lily |
| un corbeau | = | _____ | _____ | = | ivy |
| un faisan | = | _____ | _____ | = | holly |

Add more if you wish.

**3** Translate the following phrases taken from the passage:

   *(a)* 'sur une ligne retombante' (l. 2)
   *(b)* 'après quelques tâtonnements' (l. 27)
   *(c)* 'en supprimant la phrase spirituelle' (l. 59)

**4** Use each of the following expressions taken from the passage in brief examples of your own, illustrating clearly the use and meaning of each:

   *(a)* se moquer de    *(b)* vérifier    *(c)* prier de
   *(d)* au moyen de    *(e)* prendre soin de

**5** Translate, using *ne . . . que, ne . . . rien, ne . . . plus, ne . . . jamais, ne . . . guère, ne . . . personne,* and *ni . . . ni*:

   *(a)* I only see her at the weekends.
   *(b)* No-one visits me nowadays!
   *(c)* She has never been to Provence.
   *(d)* Neither Lili nor Marcel could speak English.
   *(e)* We hardly see any rare birds in the town.
   *(f)* Nothing happens in our little village!
   *(g)* They no longer write to each other.

**6** Translate into French:

   *(a)* I would never have dared to write a letter like that, but hers was very interesting.
   *(b)* There was still something missing in the list he'd copied out. Ours was complete.
   *(c)* They had only two years of study left and their English master was complaining about the mistakes they made. Mine was satisfied!
   *(d)* The handwriting experts couldn't stop themselves (from) smiling when I showed them the certificate.

**7** Rewrite each of the following sentences, changing every verb into the Past Historic:

   *(a)* Elle vivait seule à la campagne.
   *(b)* Il pleuvait hier soir; je revenais de la ville.
   *(c)* Je faisais mes devoirs mais j'avais besoin de repos.
   *(d)* Elles ont couru à la gendarmerie quand elles ont vu l'accident.
   *(e)* Marcel m'a téléphoné. Il me fallait lui rendre visite.
   *(f)* Nous nous tenions debout près de la porte.
   *(g)* Mon frère voyait les pompiers. Ils éteignaient un incendie.
   *(h)* Ils entendaient les coups de tonnerre. C'était effrayant.

*(i)* Lili craignait le début de l'hiver.

*(j)* Je reçois toutes les lettres qu'elle écrit.

**8** In the passage 'une lampe *à* pétrole' is mentioned, the '*à*' denoting a distinguishing mark or conveying the idea of purpose or explaining how something is operated, *i.e.*, the lamp is worked/fuelled by paraffin.

Now give the French for each of the following and explain the use of '*à*' in each case:

| | | |
|---|---|---|
| a letter box | a washing-machine | a shingle beach |
| a feathered hat | a windmill | a gas cooker |
| a skipping rope | lipstick | a jet plane |

### Discutez en français

1. Vivre à la campagne, ou en ville: pour lequel penchez-vous? Donnez vos raisons.
2. Est-ce qu'il faut avoir de bons amis? Ou aimeriez-vous rester indépendant/e?
3. L'environnement: quels sont les dangers qui le menacent? Comment le protéger?
4. Décrivez l'une des œuvres de Marcel Pagnol.
5. Votre région préférée en France — La Provence; la Bretagne ——?

# 5

# A Self-made Man

Paul Morel devait trente mille francs à Busard. Il lui avait emprunté par petites sommes. Busard traversait la cour de l'usine sur son tricycle chargé de montures de lunettes à polir.

—Passe un instant dans mon bureau, demandait Paul Morel.

Il fermait la porte du bureau.                                                                                      5

—Tu ne peux pas me prêter cinq billets? J'ai promis à Juliette de l'emmener dîner ce soir à Bourg. Je te rendrai cela samedi . . .

Ne buvant à cause du cyclisme et vivant chez ses parents, Busard avait toujours un peu d'argent 'devant lui'.

Le samedi, Paul rendait deux ou trois mille et essayait de compenser la différence en       10 inscrivant au compte du garçon des heures supplémentaires qu'il n'avait pas faites. Il fermait les yeux quand Busard cachait le tricycle dans un appentis, le temps d'aller faire un petit galop d'entraînement sur son vélo de course.

Jules Morel, le père, était arrivé d'Auvergne à Bionnas, trente ans plus tôt, comme tâcheron. Il avait construit l'atelier qui devait être le premier de son usine, avec deux       15 compagnons. En 1936, il avait placé la totalité de ses économies dans l'achat d'une presse à injecter, la première qui fût importée à Bionnas, et probablement en France. Les artisans avaient souri de la folie du maçon: ils ne croyaient encore qu'au travail à la main: 'La matière plastique, c'est spécial.'

La presse à injecter fait en une heure le travail de plusieurs journées d'artisan. Avec le       20 bénéfice de six mois de travail sur sa machine, qu'il manœuvrait seul, sous un hangar, Jules Morel put acheter une seconde presse. Il avait le courage, l'âpreté, et aussi la hardiesse des pionniers du capitalisme. L'idée que ses machines ne fonctionnaient pas la nuit et de tout le profit ainsi gaspillé, lui crevait le cœur; mais impossible de convertir les Bionnassiens; le travail de nuit, dans ce temps-là, leur paraissait contre nature. Il fit venir six Auvergnats et       25 les installa par roulement devant les deux presses qui fonctionnèrent vingt-quatre heures sur vingt-quatre. Il se réserva la partie commerciale.

Ainsi naquit Plastoform, mais à partir de 1940 de nombreux concurrents avaient surgi à Bionnas et dans toute la France. L'usage de la presse à injecter était en train de devenir la règle. Les artisans ruinés se transformaient en ouvriers à façon pour la finition, ou       30 s'embauchaient pour le travail aux presses. Les marges de bénéfices se réduisaient. L'industrie de la matière plastique devenait une industrie comme les autres. D'avoir été le premier ne favorisait pas Jules Morel; au contraire, car ses machines étaient déjà démodées.

Il consacra désormais ses bénéfices à acheter des bâtiments et du terrain. Il spéculait sur       35 la future prospérité de ses concurrents. Les groupes financiers qui commençaient à investir dans la matière plastique allaient avoir besoin de place et de toits pour leurs nouvelles presses. Il s'introduirait de force dans le circuit, pas comme producteur, mais comme propriétaire. Ce qui s'était passé.

Ce qu'on appelle aujourd'hui la Cité Morel est un de ses achats de cette époque, une       40 ancienne briqueterie. Elle est mal placée, en contrebas de la route de Saint-Claude près d'un étang qui se termine en marécage. Les industriels firent valoir ces désavantages pour obtenir des rabais. Jules Morel trouva plus avantageux de transformer en logements les bâtiments désaffectés. Dans les cours, il installa des baraquements: pas de surface perdue. Les logements de deux pièces, dans les anciens fours, étaient loués huit cents à mille francs par mois; les trois pièces des baraquements, le double. Jules Morel allait lui-même toucher les loyers, qui lui payaient ses frais de voiture, une huit cylindres américaine, renouvelée chaque année. 45

Bon an, mal an, la Cité Morel rapportait un million.

Roger Vailland: *325,000 francs* (abridged)

---

WORKING WITH A PARTNER

Write a short dialogue in French between Jules Morel and an interviewer in which the former describes his rise from 'rags to riches'. Use about 130 words in all, basing all your material on the contents of the passage.

---

## VOCABULARY

| | |
|---|---|
| la monture   *frame, mounting* | le concurrent   *competitor* |
| le compte   *account, pay details* | embaucher   *to hire, take on* |
| un appentis   *lean-to shed* | en contrebas de   *below* |
| un atelier   *workshop* | un étang   *pond* |
| le bénéfice   *profit* | un marécage   *marsh, swamp* |
| gaspiller   *to waste* | un baraquement   *group of huts* |

## QUESTIONS

1. Explain how we know that Busard frequently lent money to Paul Morel.
2. Why did Busard always have money in his pocket?
3. What part does overtime working play in their transactions?
4. Describe the different uses Busard makes of the two cycles mentioned.
5. Why were Jules Morel's commercial activities mocked initially?
6. What 'pioneer' qualities is Jules Morel described as having?
7. Explain in full why he recruited men from his native Auvergne.
8. Why, and how, did he diversify into other commercial fields?
9. What threat did Jules Morel's plans constitute to the local labour force?
10. How could it be advantageous financially to acquire poor quality land for development?

## EXERCISES

**1** Translate the following excerpts into English:

(a) . . . sa machine, qu'il manœuvrait seul . . .     (l. 21)

| | |
|---|---|
| *(b)* L'idée .. lui crevait le cœur; | (ll. 23–4) |
| *(c)* Il . . . les installa par roulement . . . | (ll. 25–6) |
| *(d)* Les marges de bénéfices se réduisaient. | (l. 31) |
| *(e)* Il s'introduirait de force dans le circuit . . . | (l. 38) |

**2** Write brief examples in French to illustrate the difference in use and meaning between each of the words in the groups:

| | | |
|---|---|---|
| le cours | la part | emmener |
| la cour | la partie | amener |
| la course | le parti | mener |

**3 In French** say or write each of the following numerical expressions:

(the year): 1946; 1961; 1976; 1993; your date of birth
Fractions: $\frac{1}{2}$; $\frac{3}{4}$; $\frac{1}{3}$; eight out of ten
Decimals/%: 12.5; 15.75; 71%

**4** Translate each of the following sentences with *devoir*, ensuring that you give a different translation for *devoir* forms in each:

*(a)* Tu me dois une récompense!
*(b)* Les cyclistes ont dû partir.
*(c)* On devrait payer le loyer aujourd'hui.
*(d)* Je devais vendre mon vélo.
*(e)* L'atelier devait être le premier de son usine.
*(f)* Je dois m'inscrire au collège technique.
*(g)* J'ai fait mes devoirs.
*(h)* Tu aurais dû rendre l'argent hier!
*(i)* Malgré la grève les ouvriers ont achevé leur travail par devoir.

**5** Insert the missing French word in each case:

| *Example*: | a man from Auvergne | = | un Auvergnat |
|---|---|---|---|
| | a lady from Brittany | = | une _____ |
| | a man from Burgundy | = | un _____ |
| | a lady from Paris | = | une _____ |
| | a man from Provence | = | un _____ |
| | a lady from London | = | une _____ |
| | a man from Brest | = | un _____ |
| | a lady from Wales | = | une _____ |
| | a man from Scotland | = | un _____ |
| | a lady from Ireland | = | une _____ |

Add more to the list.

**6** Translate into French:
*(a)* Our workers need to work overtime because of the strike last week.
*(b)* I was trying to repay all the money I owed him.

(*c*) We'll take you out for a meal when you've settled in at the office.
(*d*) May I present an old friend? She's just bought an ancient house in the Auvergne.
(*e*) On the contrary, our competitors are busy converting their old workshops into modern accommodation.

**7** Give the English for each of these tools/implements:

| | |
|---|---|
| une machine à coudre | une clef anglaise |
| un tire-bouchon | un ouvre-boîtes |
| une perceuse | une tondeuse |
| un sèche-cheveux | une brosse à dents |
| une scie à métaux | un moulin à poivre |

Now add 3 more appliances to the list: _____   _____   _____
and give their meaning:          _____   _____   _____

**Discutez en français**

1. Décrivez votre domicile ou votre lieu de travail.
2. Commentez la façon dont l'auteur traite l'essor de Jules Morel dans l'industrie.
3. Le chômage: quelles solutions peut-on appliquer?
4. Comment utiliser les langues vivantes dans le commerce et l'industrie?

# 6

# The Lady in White

Au tournant de la petite rue à onze kilomètres de la villa à Saint-Malo, Philippe sauta à
terre, jeta sa bicyclette d'un côté et son propre corps de l'autre, sur l'herbe crayeuse.

'Oh! Assez! Assez! On crève! Pourquoi est-ce que je me suis proposé pour porter cette
dépêche, aussi?'

Phil gisait au pied d'un mur que des pins bleus, des trembles blancs couronnaient. Il    5
connaissait la côte par cœur, depuis qu'il savait marcher sur deux pieds et rouler sur deux
roues. 'C'est Ker-Anna. J'entends la dynamo qui fait la lumière. Mais je ne sais pas qui a
loué la propriété cet été.' Un moteur, derrière le mur, imitait au loin le clappement de
langue d'un chien haletant, et les feuilles des trembles argentés se rebroussaient au vent
comme les petits flots d'un ru. Apaisé, Phil ferma les yeux. 'Vous avez bien gagné un verre    10
d'orangeade, il me semble, Monsieur Phil,' dit une voix tranquille.

Phil, en ouvrant les yeux, vit au-dessus de lui, inversé comme dans un miroir d'eau, un
visage de femme, penché. Ce visage, à l'envers, montrait un menton un peu gras, une
bouche rehaussée de rouge, le dessous d'un nez aux narines serrées, irritables, et deux yeux
sombres qui, vus d'en bas, affectaient la forme de deux croissants. Tout le visage, couleur    15
d'ambre clair, souriait avec une familiarité point amicale. Philippe reconnut la Dame en
blanc, enlisée avec son auto dans le chemin du goémon, la dame qui l'avait questionné en le
nommant d'abord 'eh! petit', puis 'Monsieur' . . . . Il bondit sur ses pieds et salua de son
mieux. Elle s'appuyait sur ses bras croisés, nus hors de sa robe blanche, et le toisait de la
tête aux pieds, comme la première fois.    20

'Je m'appelle Mme Dalleray,' dit-elle.

'Philippe Audebert,' dit Phil précipitamment.

Pendant qu'il gravissait, derrière la robe blanche, un perron éblouissant, il appela à lui
toute l'insolence de ses seize ans: 'Quoi? Elle ne me mangera pas! . . . . Si elle tient
absolument à la placer, son orangeade! . . .'    25

Il entra, et crut perdre pied en pénétrant dans une pièce noire, fermée aux rayons et aux
mouches. La basse température qu'entretenaient persiennes et rideaux tirés lui coupa le
souffle. Il heurta du pied un meuble mou, chut sur un coussin, entendit un petit rire
démoniaque, venu d'une direction incertaine, et faillit pleurer d'angoisse. Un verre glacé
toucha sa main.    30

'Ne buvez pas tout de suite,' dit la voix de Mme Dalleray. 'Totote, tu es folle d'avoir mis
de la glace. La cave est assez froide.'

Une main blanche plongea trois doigts dans le verre et les retira aussitôt. Le feu d'un
diamant brilla, reflété dans le cube de glace que serraient les trois doigts. La gorge serrée,
Philippe but, en fermant les yeux, deux petites gorgées, mais quand il releva les paupières,    35
ses yeux habitués discernèrent le rouge et le blanc d'une tenture, le noir et l'or assourdi des
rideaux. Une femme, qu'il n'avait pas vue, disparut, emportant un plateau tintant. Un ara
rouge et bleu, sur son perchoir, ouvrit son aile avec un bruit d'éventail, pour montrer son
aisselle couleur de chair émue . . .

'Il est beau,' dit Phil d'une voix enrouée.    40

'D'autant plus beau qu'il est muet,' dit Mme Dalleray.

Elle s'était assise assez loin de Philippe, et la fumée verticale d'un parfum qui brûlait, répandant hors d'une coupe l'odeur de la résine et du géranium, montait entre eux. Philippe croisa l'une sur l'autre ses jambes, et la Dame en blanc sourit, pour accroître la sensation de somptueux cauchemar qui ôtait à Philippe tout son sang-froid.   45

'Vos parents viennent tous les ans sur la côte, n'est-ce pas?' dit enfin la douce voix virile de Mme Dalleray.

'Oui,' soupira-t-il avec accablement.

'C'est, d'ailleurs, un charmant pays, que je ne connaissais pas du tout. Une Bretagne modérée, pas très caractéristique, mais reposante, et la couleur de la mer y est incomparable.'   50

Philippe ne répondit pas. Il tendait le reste de sa lucidité vers son propre épuisement progressif, et s'attendait à entendre tomber sur le tapis, régulières, étouffées, les dernières gouttes d'un sang qui quittait son coeur.

'Monsieur Phil, vous n'êtes pas souffrant?' Non? Bon. Je suis une très bonne garde-malade, d'ailleurs ... Mais par ce temps-là, vous avez mille fois raison: mieux vaut se taire que de parler. Taisons-nous donc.'   55

'Je n'avais pas dit ça ...'

Elle n'avait pas fait un mouvement depuis leur entrée dans la pièce obscure, ni risqué une parole qui ne fût parfaitement banale. Pourtant le son de sa voix, chaque fois, infligeait à Philippe une sorte inexprimable de traumatisme, et il reçut avec terreur la menace d'un mutuel silence. Sa sortie fut piteuse et désespérée. Il heurta son verre à un fantôme de petite table, proféra quelques mots qu'il n'entendit pas, se mit debout, gagna la porte en fendant des vagues lourdes et des obstacles invisibles, et retrouva la lumière avec une aspiration d'asphyxié.   60   65

'Ah ! . . . . ' dit-il à demi-voix.

Et il pressa, d'une main pathétique, cette place du sein où nous croyons que bat notre coeur.

Puis il reprit brusquement conscience de la réalité, rit d'un air niais, secoua cavalièrement la main de Mme Dalleray, reprit sa bicyclette et partit.   70

Colette: *Le blé en herbe* (abridged)

---

L'âge de seize ans: qu'est-ce que vous en pensez?
Expliquez vos sentiments là-dessus à votre partenaire.

---

## VOCABULARY

gisait (gésir) *to lie (i.e., on the ground)*
un tremble *aspen (type of poplar tree)*
Ker-Anna *House of Anna (Breton)*
enliser *to get stuck/bogged down in mud/sand, etc.*
le goémon *seaweed, flotsam (or: les a——s?)*

'Totote' *i.e., the name of Mme Dalleray's maid*
un ara *macaw (large parrot with brightly-coloured plumage)*
(se) taire *to be silent*
fendre *to cut push through, cleave a path through*
assourdi *muted (of colour); softened*

## QUESTIONS

1. What errand is Philippe carrying out?
2. Why does he know the area so well?
3. What does he know and **not** know in respect of Ker-Anna?
4. Explain the comparisons Colette makes in connection with *(a)* the sound of the dynamo; *(b)* the aspen foliage.
5. Describe Mme Dalleray's face as it appears above Phil, and her posture.
6. Briefly describe their previous meeting.
7. Explain how Phil feels *(a)* as he climbs the step; *(b)* as he enters the room.
8. What happens to the ice-cube? Why?
9. What factors, do you think, contribute to the distinctive atmosphere of the room? How would you characterise the resulting 'ambiance'?
10. What effect does it have upon Phil's composure?
11. Describe Mme Dalleray's view of Brittany. Why doesn't Phil respond?
12. Briefly describe his departure from *(a)* the room; *(b)* Mme Dalleray.

## EXERCISES

**1** Translate the following excerpts :

   *(a)* 'La basse température qu'entretenaient persiennes et rideaux tirés . . .' (l. 27)
   *(b)* 'ouvrit son aile avec un bruit d'éventail, pour montrer son aisselle couleur de chair émue . . .'  (ll. 38–9)
   *(c)* 'pour accroître la sensation de somptueux cauchemar qui ôtait à Philippe tout son sang-froid.'  (ll. 44–5)

**2** Rewrite each of the following in your own French without changing the meaning:

   *(a)* 'et crut perdre pied en pénétrant dans une pièce noire'  (l. 26)
   *(b)* '(il) faillit pleurer d'angoisse.'  (l. 29)
   *(c)* 'D'autant plus beau qu'il est muet'  (l. 41)

**3** Translate each of the following sentences into French with a suitable construction formed from the word(s) in brackets:

   *(a)* It would be better to remain silent!            *(valoir)*
   *(b)* She's completely worn out after that long cycle ride.   *(crever)*
   *(c)* As we approached St Malo we could clearly make out the departing boat.   *(En . . . qui)*
   *(d)* Dazzled by our success, we nearly wept with happiness. *(faillir)*
   *(e)* I bumped into a sofa on entering the darkened hall.   *(heurter)*
   *(f)* Before leaving the room she eyed me up and down.   *(toiser)*

**4** Insert a suitable word to complete each sentence:

(a) Ma villa se trouvait ____ quinze kilomètres de Cancale.

(b) Il faut appuyer____ ce bouton pour arrêter la dynamo.

(c) Nous tenons____ vous voir! Faites ____ votre mieux ____ venir.

(d) On ne va pas à la côte ____ un tel temps pluvieux.

(e) Accablée ____ la chaleur, elle alla se reposer ____ l'ombre.

(f) Je voudrais vous remercier ____ m'avoir invité ____ dîner ____ vous.

(g) Notre guide connaissait la route ____ cœur.

**5** Give two different meanings or uses of each of the following words:

| | | | |
|---|---|---|---|
| (a) chut | (b) persiennes | (c) vit | (d) pièce |
| (e) d'argent | (f) louer | (g) retrouver | (h) gagner |
| (i) aspiration | (j) langue | (k) but | (l) glace |

**6** Rewrite these sentences in French, using a suitable form of a word chosen from the box to translate *leave* in each case. Use each word once only.

(a) The ferry will *leave* at eight every evening.

(b) Where did you *leave* your new bicycle?

(c) Before you *leave* Paris, you ought to phone her.

(d) We had to *leave* our property to the enemy during the last war.

(e) Philippe got up and said he wanted to *leave* the waiting-room.

(f) Don't *leave go* of me because I'm going to faint in this heat!

| | | |
|---|---|---|
| quitter | sortir | abandonner |
| partir | lâcher | laisser |

**Discutez en français**

1. L'égalité des sexes: est-ce que notre société contemporaine la renforce ou la détruit?

2. Le cyclisme. Commentez sa popularité en France par rapport à l'Angleterre.

3. Souvenirs de vacances.

4. Les Bretons: langue et culture.

5. Les romans de Colette. Ses thèmes; sa vie personnelle.

# 7

# Planned to Perfection

*The young Josyane visits the Sarcelles housing estate near Paris where she hopes to trace her former boyfriend, an Italian construction worker, named Guido.*

On arrive à Sarcelles par un pont, et tout à coup, un peu d'en haut,on voit tout. Oh là! Et je croyais que j'habitais dans des blocs! Ça, oui, c'étaient des blocs! Ça c'était de la Cité, de la vraie Cité de l'Avenir! Sur des kilomètres et des kilomètres et des kilomètres, des maisons des maisons des maisons. Pareilles. Alignées. Blanches. Encore des maisons. Maisons. Maisons. Et du ciel; une immensité. Du soleil. Des Espaces Verts énormes, propres, 5 superbes, des tapis, avec sur chacun l'écriteau Respectez et Faites respecter les Pelouses et les Arbres, qui d'ailleurs ici avait l'air de faire plus d'effet que chez nous (où ils aimaient courber les petits arbres de la cour jusqu'à terre; le jeu était à qui courberait l'arbre le plus bas: l'homme fort), les gens eux-mêmes étant sans doute en progrès comme l'architecture.

Les boutiques étaient toutes mises ensemble, au milieu de chaque rectangle de maisons, 10 de façon que chaque bonne femme ait le même nombre de pas à faire pour aller prendre ses nouilles; il y avait même de la justice. Un peu à part étaient posés de beaux chalets entièrement vitrés, on voyait tout l'intérieur en passant. L'un était une bibliothèque, avec des tables et des chaises modernes de toute beauté; un autre en bois imitant la campagne était marqué: 'Maison des Jeunes et de la Culture': les Jeunes étaient dedans, garçons et 15 filles, on pouvait les voir rire et s'amuser, au grand jour.

Ici, on ne pouvait pas faire le mal; un gosse qui aurait fait l'école buissonnière, on l'aurait repéré immédiatement; un voleur se serait vu à des kilomètres, avec son butin; un type sale, tout le monde l'aurait envoyé se laver. Mais où étaient les baraques, où étaient les ouvriers, où était Guido? Même en supposant qu'il soit en ce moment en train de me 20 chercher de son côté Guido, on pouvait se promener cent ans sans jamais se croiser, à moins d'avoir pris une boussole et un compas de marine.

Je refonçai dans l'autre sens, le chemin devint bourbeux, sale , j'étais dans les chantiers. On ajoutait des maisons. Là, on voyait la carcasse, les grands piliers de béton.

'Guido comment?' 25

'Je ne sais pas.'

'Eh petite, tu ne veux pas que je sois ton Guido?'

'Si tu attends la fin de journée, je m'appellerai Guido toute la nuit!'

J'étais là en plein soleil devant tous ces hommes, avec mon noir aux yeux et ma jupe en Vichy ma seule bien, et j'avais encore grandi depuis, on me voyait les cuisses, le soleil me 30 perçait, la lumière m'arrosait à flots, les types riaient, Italiens Arabes Espagnols, et le chef de chantier, Français lui, me regardait d' un sale œil. Les garçons joyeux riaient d'un rire sain derrière leur vitrine là-bas avec les jeunes filles au visage lisse; ils m'auraient envoyée me débarbouiller. Il faisait trop clair, trop clair. J'étais nue comme un ver. Je cherchais de l'ombre, un coin, un coin noir où me cacher. J'avais la panique, une panique folle, je ne 35 retrouvais plus le scooter, je ne savais plus où je l'avais laissé. J'aurais voulu une cabane à outils, un débarras, un placard à balais, une niche à chien. Désordre et ténèbres, désordre et ténèbres, désordre et ténèbres. Je retrouvai le scooter, près d'une pelouse. Respectez et Faites Respecter.

C'était beau. Vert, blanc. Ordonné. On sentait l'organisation. Ils avaient tout fait pour    40
qu'on soit bien. Ils avaient même mis de la diversité; ils avaient fait des petites collines, des accidents de terrain, pour que ce ne soit pas monotone. Ils avaient pensé à tout. Ils devaient être rudement fiers ceux qui avaient fait ça.

Le matin, tous les hommes sortaient des maisons et s'en allaient à Paris travailler; un peu plus tard c'étaient les enfants qui se transféraient dans l'école, les maisons se vidaient    45
comme des lapins; il ne restait dans la Cité que les femmes, les vieillards et les invalides. Le soir, tous les maris revenaient, rentraient dans les maisons, trouvaient les tables mises, propres, avec de belles assiettes, l'appartement bien briqué, la douce chaleur, et voilà une bonne soirée qui partait, mon Dieu, mon Dieu, c'était la perfection.

Les fenêtres commençaient à s'éclairer. Que ça pouvait être beau! je ne me fatiguais pas    50
de regarder. Sarcelles c'était Dieu, ici on pouvait commencer à croire qu'il avait créé le monde, car s'il faut un ouvrier pour construire une maison, Amen.

Christiane Rochefort: *Les Petits Enfants du Siècle* (abridged)

---

What other '*écriteaux*' would you expect to see in France concerned with Warning/Prohibition, other than traffic signs? Do a little research into the matter working, perhaps, with a partner.

---

## VOCABULARY

la Cité ⎫
le grand ensemble ⎭ *housing estate*
   (HLM: une habitation à loyer modéré *council flat*)
un immeuble ⎫
un bloc ⎭ *residential block*
les nouilles *noodles, pasta*
vitré *glazed*

repérer *to spot, pick out*
le butin *loot, booty*
les baraques *sheds, huts (also: funfair stall)*
la boussole *compass (Naut.)*
le chantier *building site/yard*
ma jupe en Vichy *my gingham skirt*
ma seule bien *my only good one*
se débarbouiller *to have a quick wash (face)*

gelé = ____?
glacé = ____?

## QUESTIONS

1. What is Josyane implying when she exclaims: 'Et je croyais que j'habitais dans des blocs!'? (ll. 1–2)
2. Using information contained in the first paragraph only, summarise how the Sarcelles housing complex appears to Josyane.
3. How does the treatment of trees in Sarcelles compare with that on Josyane's

own estate? What might seriously curtail tree life-expectancy in the latter locality?

4. Explain Josyane's satirical view of 'justice' as expressed in paragraph 2.
5. What facilities for cultural advancement are provided at Sarcelles?
6. How does Josyane justify her assertion that 'ici, on ne pouvait pas faire le mal' (l. 17)?
7. Explain her reference to 'une boussole' and 'un compas de marine'.  (l. 22)
8. Briefly describe her confrontation with the building workers. What contrast is drawn between them and the children?
9. Suggest why Josyane might seek 'désordre et ténèbres' (l. 37) in preference to the sunlight. Describe her various reactions to the transparency of her surroundings.
10. What attitudes does she adopt towards
    *(a)* the planners of Sarcelles and its architectural lay-out;
    *(b)* the life-style of its residents?
11. Explain what Josyane might mean by these descriptions of Sarcelles:
    (a) 'la vraie Cité de l'Avenir' (l. 3)
    (b) 'Sarcelles, c'était Dieu' (l. 51)
12. How are we meant to take these descriptions, do you think?

## EXERCISES

1 Rewrite each of the following in French, using the construction in brackets in such a way that the original meaning is unchanged.

   *(a)* Descendez l'escalier sans faire du bruit.                    *(sans que)*
   *(b)* L'école était située près de l'immeuble pour permettre aux enfants de s'y rendre sans difficulté.                              *(de façon que)*
   *(c)* On avait fait des petites collines pour rendre notre Cité plus intéressante.
                                                                      *(pour que)*
   *(d)* Je me suis précipité dans le débarras afin de me cacher.  *(afin que)*

2 Translate **three** of the following excerpts from the passage:

   *(a)* 'les gens eux-mêmes étant sans doute en progrès comme l' architecture'
                                                                      (l. 9)
   *(b)* 'supposant qu'il soit en ce moment en train de me chercher de son côté, Guido                                                     (ll. 20–1)
   *(c)* 'un gosse qui aurait fait l'école buissonnière'              (l. 17)
   *(d)* 'la lumière m'arrosait à flots'                              (l. 31)
   *(e)* 'là, on voyait la carcasse, les grands piliers de béton'     (l. 24)

3 Translate into French the following sentences, based upon material contained in the passage. You will need to practise using the Conditional forms of *avoir* and *être* + past participles of the main verbs.

   *(a)* We would have bought the flat if it had been on the first floor.

*(b)* The only person left in our block would have been our old caretaker.

*(c)* She would never have stayed alone in the new precinct. It had a sense of orderliness about it which she would have hated. *(détester)*

*(d)* You can't think of everything; there would have been accidents anyway!

*(e)* What does that big sign say? Keep off the lawns? We would have liked to play football!

**4** Write brief examples in French, illustrating the difference in use and meaning between the words in each group:

le vers    la location
le ver     le loyer
le verre   le/la locataire

**5** Compose short sentences in French to include each of the following words/phrases from the passage:

*(a)* dedans    *(b)* encore de(s)    *(c)* à part    *(d)* en passant
*(e)* à moins de    *(f)* pareil(le)

## Discutez en français

1. Le style et le langage de l'extrait.
2. Si vous aviez le choix, où préféreriez-vous vivre—dans un milieu très moderne ou dans un milieu plus traditionnel? Donnez vos raisons.
3. Décrivez la vie d'un 'banlieusard.' Est-ce que Josyane a raison de la considérer comme 'automatisée' et assommante?
4. Les travailleurs immigrés. Les problèmes de logement et d'intégration dans une société étrangère.

# 8

# The Enemy at the Door

*Occupied France, 1941. A German officer is billeted at the modest home of an elderly French writer and his niece.*

Le lendemain matin, un torpédo militaire, gris et énorme, pénétra dans le jardin. Le chauffeur et un jeune soldat mince, blond et souriant, en extirpèrent deux caisses, et un gros ballot entouré de toile grise. Ils montèrent le tout dans la chambre la plus vaste. Le torpédo repartit, et pendant deux jours il ne se passa rien. Je ne vis plus personne.

Puis, le matin du troisième jour, le grand torpédo revint. Ce fut ma nièce qui alla ouvrir          5
quand on frappa. Elle venait de me servir mon café, comme chaque soir. J'étais assis au fond de la pièce, relativement dans l'ombre. La porte donne sur le jardin, de plain-pied. Tout le long de la maison court un trottoir de carreaux rouges très commode quand il pleut. Nous entendîmes marcher, le bruit des talons sur le carreau. Ma nièce me regarda et posa sa tasse.          10

Il faisait nuit, pas très froid: ce novembre-là ne fut pas très froid. Je vis l'immense silhouette, la casquette plate, l'imperméable jeté sur les épaules comme une cape.

Ma nièce avait ouvert la porte et restait silencieuse. Elle avait rabattu la porte sur le mur, elle se tenait elle-même contre le mur, sans rien regarder. Moi je buvais mon café à petits coups.          15

L'officier, à la porte, dit: 'S'il vous plaît.' Sa tête fit un petit salut. Il sembla mesurer le silence. Puis il entra. Il me fit face et m'adressa une révérence plus grave. Il dit: 'Je me nomme Werner von Ebrennac.' J'eus le temps de penser, très vite: 'Le nom n'est pas allemand. Descendant d'émigré protestant?' Il ajouta: 'Je suis désolé.'

Le silence se prolongeait. Il devenait de plus en plus épais, comme le brouillard du          20
matin. Épais et immobile. L'immobilité de ma nièce, la mienne aussi sans doute, alourdissaient ce silence, le rendaient de plomb. L'officier lui-même, désorienté, restait immobile, jusqu'à ce qu'enfin je visse naître un sourire sur ses lèvres. Son sourire était grave et sans nulle trace d'ironie. Il ébaucha un geste de la main, dont la signification m'échappa. Ses yeux se posèrent sur ma nièce, toujours raide et droite, et je pus regarder          25
moi-même à loisir le profil puissant, le nez proéminent et mince. Je voyais, entre les lèvres mi-jointes, briller une dent d'or. Il détourna enfin les yeux et regarda le feu dans la cheminée et dit: 'J'éprouve un grand estime pour les personnes qui aiment leur patrie,' et il leva brusquement la tête et fixa l'ange sculpté au-dessus de la fenêtre. 'Je pourrais maintenant monter à ma chambre,' dit-il. 'Mais je ne connais pas le chemin.' Ma nièce          30
ouvrit la porte qui donne sur le petit escalier et commença de gravir les marches, sans un regard pour l'officier, comme si elle eût été seule. L'officier la suivit. Je vis alors qu'il avait une jambe raide.

Je les entendis traverser l'antichambre, les pas de l'Allemand résonnèrent dans le couloir, alternativement forts et faibles, une porte s'ouvrit, puis se referma. Ma nièce          35
revint. Elle reprit sa tasse et continua de boire son café.

Le lendemain matin l'officier descendit quand nous prenions notre petit déjeuner dans la cuisine. Il s'arrêta sur le seuil et dit: 'J'ai passé une très bonne nuit. Je voudrais que la vôtre fusse aussi bonne.' Il regardait la vaste pièce en souriant. Comme nous avions peu de bois et encore moins de charbon, je l'avais repeinte, nous y avions amené quelques meubles, des 40 cuivres et des assiettes anciennes, afin d'y confiner notre vie pendant l'hiver. Enfin il traversa la pièce et ouvrit la porte sur le jardin. Il fit deux pas et se retourna pour regarder notre longue maison basse, couverte de treilles, aux vieilles tuiles brunes. Son sourire s'ouvrit largement.

'Votre vieux maire m'avait dit que je logerais au château,' dit-il en désignant d'un revers 45 de main la prétentieuse bâtisse que les arbres dénudés laissaient apercevoir, un peu plus haut sur le coteau. 'Je féliciterai mes hommes qu'ils se soient trompés. Ici c'est un beaucoup plus beau château.'

Puis il referma la porte, nous salua à travers les vitres, et partit.

Vercors: *Le Silence de la Mer* (abridged)

## VOCABULARY

| | |
|---|---|
| un torpédo *open touring car* | ébaucher un geste *to make a slight* |
| (une torpille = ____ ?) | *movement* |
| de plain-pied *at/on the same level* | fixer *to stare at* |
| des carreaux *floor tiles* | le seuil *threshold, doorway* |
| (un mètre carré = ____ ?) | (le deuil = ____?) |
| rabattre *to open (door) right back* | la treille *vine trellis, arbour* |
| *against wall* | le coteau *slope, hillside* |

Write a letter in French to a penfriend or close acquaintance from abroad inviting them to stay with you in the summer. Describe the room they would have and suggest how you could occupy yourselves during your time together. Use about 130 words.

## QUESTIONS

1. What do the soldiers take from the car?
2. What **three** sounds do the writer and his niece hear on the morning of the third day?
3. Describe what the writer can see of their uninvited guest before the latter enters.
4. Explain *(a)* what the niece does after opening the door;
   *(b)* what the writer does so as to appear unconcerned by the German officer's arrival.
5. What particularly strikes the writer about the German officer's name?
6. Suggest why the officer should say 'Je suis désolé'. What does this tell us about his character and attitude?
7. Describe his reactions to the silence that greets him and explain:
   *(a)* what contributes to this silence;

*(b)* what interpretation he places upon it.
8. What physical disability does von Ebrennac have? How does it manifest itself as he walks along the upstairs corridor?
9. What are we told about the writer's living-room?
10. Specify what mistake von Ebrennac's men made and explain why he should wish to congratulate them for it. How does he make his exit in the morning?

## EXERCISES

**1** Write a brief description **in French** of the two buildings mentioned in the passage.

**2** Use suitable pronouns to translate each of the following emphatic statements:

*(a)* He's a good soldier, he is!
*(b)* I hate the war, I do!
*(c)* Her, the niece, I do know!
*(d)* You're right, you are!
*(e)* The car is mine!

**3** Translate the following into French, using suitable expressions with *mi-/demi(e)* or *moitié*:

*(a)* This bottle is half full.
*(b)* Half-way up the hill . . .
*(c)* Half (of) the money had been spent.
*(d)* Half an hour passed.
*(e)* We stopped half-way for a rest . . .
*(f)* . . . at half-past three.
*(g)* I need to half-fill the (petrol) tank.

**4** Translate these excerpts from the passage:

*(a)* 'il me fit face et m'adressa une révérence plus grave'  (l. 17)
*(b)* 'jusqu'à ce qu'enfin je visse naître un sourire sur ses lèvres'  (l. 23)
*(c)* 'son sourire s'ouvrit largement'  (ll. 43–4)

**5** Rewrite the following excerpts in your own French without change of meaning:

*(a)* 'sa tête fit un petit salut'  (l. 16)
*(b)* 'ses yeux se posèrent sur ma nièce'  (l. 25)
*(c)* 'ma nièce . . . commença de gravir les marches'  (ll. 30–1)

**6** Complete the table:

to look away:     _____ les yeux
to look up:       _____ les yeux

to look down:   _____ les yeux

7 Complete the table:

| made of | iron | de fer | | silk | _____ |
|---------|------|--------|---|------|---------|
| | copper | _____ | | rubber | _____ |
| | brass | _____ | | wool | _____ |
| | steel | _____ | | cotton | _____ |
| | lead | _____ | | canvas | _____ |
| | tin | _____ | | leather | _____ |
| | alloy | _____ | | wood | _____ |
| | gold | _____ | | clay | _____ |
| | silver | _____ | | | |

Now, working with a partner, briefly describe in French **four** objects each which are made from some of the above materials.

8 Translate into French:

 (a) Our living-room gives on to a lawn; my brother's flat looked out on to a public garden.
 (b) The castle stood on a hillside, surrounded by bare trees.
 (c) The soldier was standing by the door. He was pointing towards the cellar.
 (d) The fog was becoming thicker and thicker and we could hear someone walking along the path.
 (e) The men took all the luggage up to the officer's room.

**Discutez en français**

1. L'attitude de l'écrivain et de sa nièce envers l'officier allemand. Est-ce qu'on peut justifier leur conduite? Est-ce que vous trouvez la conduite de l'officier surprenante?
2. L'hiver: une saison intéressante, ou non?
3. L'écrivain: est-ce qu'il a un rôle à jouer en temps de guerre?
4. L'emploi du silence comme moyen de protestation non violente.

# 9

# Save the Whale!

*Les amis des baleines provoquent les Russes dans le détroit de Béring. Mais qui sont ces écologistes décidés?*

Lundi 18 juillet, sur les plages de Brighton, au sud-ouest de l'Angleterre, les baigneurs bénissent ce début d'été exceptionnellement clément. Ils ne se doutent pas que, derrière les façades de l'hôtel Metropol, face à la mer, 300 diplomates et scientifiques sont enfermés pour discuter le sort des baleines. Soudain, la nouvelle éclate comme un coup de tonnerre. Là-bas, à l'autre bout du monde, en Sibérie, les défenseurs les plus acharnés des baleines—ceux de l'association Greenpeace—viennent d'être arrêtés par les Soviétiques. Tout le monde retient son souffle, les baigneurs, les chasseurs et les protecteurs.                                5

Car l'U.R.S.S. fait partie du dernier carré de ceux qui chassent encore la baleine comme au temps de Moby Dick, et qui résistent à la pression écologique qui devrait aboutir, en 1986, à un arrêt total de la chasse commerciale. Mais, surtout, les Russes n'aiment pas            10
qu'on aille voir de trop près ce qui se passe chez eux, notamment sur cette côte, formellement interdite à tout étranger. Les ambassades s'agitent, à Moscou, à Washington, à Bonn et à Ottawa. Cinq Américains et un Canadien, qui ont osé provoquer l'ours soviétique, sont en cabane quelque part dans la toundra sibérienne. Les baigneurs de Brighton en oublient la baleine de Nylon bleu déposée sur leur plage par les Amis de la            15
Terre, l'autre grande association venue en observatrice à la trente-cinquième réunion de la Commission baleinière internationale.

Quelques jours plus tôt, les six Anglo-Saxons étaient partis tout joyeux de Nome, un petit port à l'extrême est de l'Alaska, sur leur vieux chalutier transformé par Greenpeace en navire militant et rebaptisé 'Rainbow Warrior'—le combattant de l'arc-en-ciel. Le            20
temps était doux, la mer superbe; une cinquantaine de baleines les escortaient, dos luisant à la surface de l'eau, amicales comme si elles connaissaient la mission. Greenpeace avait bien envoyé un télex au président soviétique pour l'avertir que toute la vérité sur les baleiniers russes serait révélée pendant la réunion de Brighton. Mais personne ne pensait que six militants, parmi les plus déterminés, atterriraient en Zodiac—canot            25
pneumatique—à Loreno, une minuscule station côtière où l'on dépèce les baleines capturées dans le détroit de Béring.

Pour la poignée d'Esquimaux qui travaillent ce jour-là à Loreno, c'est la stupeur. Un commando de gaillards barbus les apostrophent en riant et distribuent des tracts—en russe—pour expliquer l'objectif de ce raid. Il s'agit rien de moins que de dénoncer l'usage            30
fait des baleines: au lieu d'être au menu des Esquimaux, comme le représentant soviétique à Brighton l'affirme chaque année, elles servent de pâture aux visons, dont les peaux seront vendues pour vêtir les élégantes occidentales. Mais, en Sibérie, les indigènes ne restent jamais longtemps seuls. Un plein camion de soldats arrive comme par hasard, et les chevaliers de la baleine sont arrêtés. Ils sont conduits en hélicoptère à Providenya, une ville            35
nouvelle où les Esquimaux de la côte ont été relogés. Un navire de guerre et un caboteur

s'élancent à la poursuite du 'Rainbow Warrior' qui disparaît dans le brouillard. Il faudra un certain temps aux Russes pour comprendre à qui ils ont affaire. Les détenus sont interrogés sur leur association, son financement, ses appuis politiques. Le *Times* de Londres affirme que Moscou était gêné par ce genre d'action, totalement inconnu en 40 U.R.S.S. Quatre jours plus tard, les Soviétiques rendront les encombrants voyageurs, hors des eaux territoriales, au maire de Nome, qui leur distribuera des prospectus touristiques sur l'Alaska . . .

Le coordinateur de cette opération de relations publiques, Bob Cummings, est l'un des fondateurs de Greenpeace. Il participe à la première expédition anti-nucléaire en bateau, 45 avec douze volontaires, dont deux seulement avaient l'expérience de la mer. L'essai nucléaire américain eut tout de même lieu cette année-là.

En 1978, Greenpeace est officiellement reconnu comme observateur par la Commission baleinière internationale. C'est le début d'une autre forme d'action, celle du lobby dans les couloirs des réunions internationales. Greenpeace, malgré son manque de moyens, y 50 excelle. Le mot Greenpeace est devenu le sésame pour les actions écologiques non violentes. Son thème: faisons la paix, mais qu'elle soit verte!

Françoise Monier in *L'Express'* 5.8.83 (abridged)

---

Décrivez en français à votre partenaire:
  une baleine
  une ambassade
  un télex
  un canot pneumatique
  un Esquimau (x 2 ?)

---

## VOCABULARY

le détroit de Béring  *the Bering Strait (sea-channel between Russia and Alaska)*
la baleine  *whale*
 (le baleinier  *whaling ship, whaler)*
baleinier/ière  *whaling (adj.)*
acharné  *fiercely dedicated*
le carré  *square, foursome*
l'ours  *bear*
en cabane  *detained, imprisoned*
la toundra  *tundra (barren Arctic terrain)*

le chalutier  *trawler*
(la) station côtière  *coastal trading/ whaling station*
dépecer  *to cut/carve up*
apostropher  *to shout at*
le vison  *mink*
un caboteur  *coaster*
le sésame  *byword (i.e., Open Sesame!)*

---

le poing  = \_\_\_\_?
le poignet  = \_\_\_\_?
la poignée  = \_\_\_\_?

## QUESTIONS

1. Using information contained in the **first** paragraph only, write a brief newspaper report of what is taking place at the Brighton hotel. Give details of date, location, event, participants and agenda.
2. Why did the Greenpeace activists choose the USSR as their target? What should happen in 1986?
3. Describe the reactions of *(a)* the Russians, and *(b)* the international community to the Greenpeace raid.
4. What **two** types of whale are mentioned?
5. *(a)* What are we told about the 'Rainbow Warrior'?
   *(b)* What 'acts of nature' seemed to give added validity to its Siberian venture?
6. Briefly describe the activities of **three** other types of vessel mentioned in the passage.
7. How was the Soviet claim concerning the use made of the captured whales proved incorrect? What sort of warning had Greenpeace issued? To whom?
8. Why did the Russians find the Greenpeace commando mission so incomprehensible?
9. What happened to the Greenpeace activists both **during** and **after** their time spent in Russian hands?
10. In what other fields of global activity has the Greenpeace organisation been involved? How has its strategy changed?

---

Now rewrite your answer to Question 1 **in French**.

---

## EXERCISES

**1** Translate the following excerpts from the passage:

  *(a)* 'Tout le monde retient son souffle'   (ll. 6–7)
  *(b)* 'dos luisant à la surface de l'eau'   (ll. 21–2)
  *(c)* 'Un commando de gaillards barbus'   (ll. 28–9)
  *(d)* 'les chevaliers de la baleine'   (ll. 34–5)
  *(e)* 'faisons la paix, mais qu'elle soit verte'   (l. 52)

**2** Rewrite **three** of the following **in your own French** without loss of meaning:

  *(a)* 'elles servent de pâture (aux visons)'   (l. 32)
  *(b)* 'Il faudra un certain temps (aux Russes) pour comprendre...'
         (ll. 37–8)
  *(c)* 'Moscou était gêné par ce genre d'action'   (l. 40)
  *(d)* '(Greenpeace), malgré son manque de moyens, y excelle.'   (ll. 50–1)

**3** Complete the table:

| | | |
|---|---|---|
| whale | = | *la baleine* |
| dolphin | = | _____ |
| shark | = | _____ |
| tuna | = | _____ |
| seal | = | _____ |
| eel | = | _____ |
| lobster | = | _____ |

trout = _____
salmon = _____
cod = _____
mackerel = _____

**4** Rewrite each of the following **in French**, using *on* + verb in the Active:

*Example:* They say it's going to be an interesting meeting.
*Answer: On* dit que ça va être une réunion intéressante.

(*a*) People say there will be a nuclear test next month.
(*b*) It is hoped that the Siberian expedition will take place soon.
(*c*) This is why so much money was needed.
(*d*) Foreigners are forbidden to enter territorial waters.
(*e*) Tourist leaflets—in Russian—are being distributed.
(*f*) The detainees are suspected of being spies.
(*g*) There's a discussion going on about the matter.
(*h*) A Soviet dinghy has just been seen landing on the Canadian coast.

**5** Give a **noun** deriving from each of the following verbs, and make up a brief example of your own to illustrate its use and meaning:

(*a*) appuyer ____   (*b*) s'élancer ____   (*c*) arrêter ____
(*d*) manquer ____   (*e*) bénir ____   (*f*) essayer____
(*g*) suivre ____   (*h*) entreprendre ____

**6** The passage mentions 'les défenseurs les plus acharnés'. Translate the following sentences, taking care to use the Subjunctive for the italicised verbs:

(*a*) That is the best piece of news *I have heard* today!
(*b*) They are the bravest men *we have ever met*.
(*c*) She is the first diplomat who *has dared* to protest!

**7** Translate into French:

(*a*) The voyage would have taken a fortnight if our boat had been more modern.
(*b*) Most of the skins will be sold abroad to clothe elegant Westerners.
(*c*) The 'Rainbow Warrior' should have arrived in Canada this morning.
(*d*) Whales can be seen everywhere; on all sides. Wherever you look! We haven't seen a whaling ship anywhere, apart from a few coasters.

**8** Write a brief, illustrative example in French of each of the following. (Your tutor may wish to specify the tenses to be used.)

*(a)* faire partie de   *(b)* résister à   *(c)* servir de   *(d)* avoir affaire à
*(e)* participer à

## Discutez en français

1. Est-ce qu'on a le droit (légal, moral etc . .) d'exercer une action directe, comme le fait Greenpeace? Est-ce que les résultats justifient les moyens employés?
2. Pensez-vous qu'on devrait protéger les baleines? Donnez vos raisons pour ou contre.
3. Être un 'chevalier de l'écologie'; est-ce que cela serait, pour vous, une carrière utile?
4. Vivre dans un pays/terrain isolé: pourriez-vous le supporter?
5. L'attentat contre le 'Rainbow Warrior' en Nouvelle-Zélande.

# 10

# The French Connection (I)

C'est une véritable panique qui s'est emparée du Narcotic bureau américain et des services anti-drogue d'Europe. En 1982, la quantité d'héroïne pure qui sera mise sur le marché par les pays du Triangle d'Or, Birmanie, Thaïlande, Laos, dépassera 70 tonnes, soit plus de dix fois les productions des années précédentes. Les réseaux internationaux de trafiquants vont inonder l'Amérique et l'Europe. 1982 sera l'année de la grande intoxication et des milliers de morts. 5

C'est un désastre extraordinaire pour l'Occident. Car la vérité oblige à dire que sur le marché de la drogue la superproduction n'existe pas et que les polices ne peuvent pas grand' chose contre les trafiquants. C'est à la source qu'il faut agir! Ce qui est catastrophe pour nous, est, pour les montagnards du Triangle d'Or, qui ne vivent que de la culture du pavot, une bénédiction. Ces rustiques montagnards ne se doutent pas que leur récolte va répandre la mort à l'autre bout de la planète. 10

La lutte est engagée sur tous les fronts avec, d'un côté, des hommes qui font leur devoir de policiers et, de l'autre, des hommes qui brassent des millions de dollars, qui connaissent toutes les combines, toutes les ruses et disposent de complicités qu'ils peuvent grassement payer. 15

Actuellement, les agents U.S. sont les plus nombreux en Thaïlande, ils appliquent avec leurs collègues thaïs et étrangers les méthodes mises au point au moment où ils participaient avec des agents français, à Marseille ou Paris, à la lutte contre la French Connection. Après un long travail de recherches, les agents ont réussi en quatre ans, à 20 démonter toutes les filières de la plus importante organisation ayant jamais existée et dénommée 'Singapour Chinese Triad'. Son chef, un Chinois du nom de Njo, fut arrêté à Bangkok et simultanément dans toute l'Europe, les responsables de cette organisation étaient aussi appréhendés. Ce fut un remarquable coup de filet. Mais d'autres circuits de trafic se sont mis aussitôt en place . . . 25

A Tachilek, où la plus grande partie de la frontière thaï à cet endroit est sous le contrôle de l'armée rebelle Shan, avec son quartier général à Ban Hin Paek, à moins d'un kilomètre à l'intérieur de la Thaïlande, les seigneurs de la guerre de rébellion contrôlent une douzaine de laboratoires appelés les 'labos chinois', car souvent les chimistes viennent de Hong Kong pour transformer et raffiner leur opium. Un matériel simple suffit pour opérer dès 30 lors qu'ils possèdent la formule chimique. Ces laboratoires sont toujours placés à cheval sur la frontière, de façon à s'évanouir vers la Birmanie à l'arrivée des troupes thaïlandaises, ou vers la Thaïlande, à l'arrivée des troupes birmanes.

Pour ceux qui participent au trafic de drogue, il n'existe pas d'idéologie. Les communistes laotiens vendent à qui paie le meilleur prix. Ils savent que le résultat sera de 35 toute façon le même: la pourriture du monde occidental atteint dans ce qu'il a de plus vulnérable: sa jeunesse. Devant les progrès de la repression, les trafiquants ne restent pas inactifs. En menaçant les montagnards ou en leur expliquant que c'est dans leur intérêt, ils les obligent à changer les emplacements des champs de pavots pour échapper aux regards des patrouilles militaires thaïlandaises. 40

Le trafic se fait aussi par voie maritime. La difficulté pour les agents thaïs ou européens est de retrouver les trafiquants parmi les pêcheurs qui sillonnent le golfe du Siam sur des centaines de jonques. Dès qu'un homme de l'un des réseaux est arrêté, un membre de sa famille assure immédiatement la relève en respectant la loi du milieu . . . l'implacable loi du silence, avec laquelle les voyous, truands et trafiquants d'Asie ne badinent pas. 45

Face à la 'marée blanche' que la récolte-miracle de 1981 va bientôt déferler sur le monde, face aux réseaux qui, toujours, se reconstituent à peine détruits, les services de lutte anti-drogue ne disposent que d'une arme efficace: infiltrer des agents asiatiques courageux dans les bandes qui contrôlent le trafic. Ils pourraient ainsi détecter les mouvements des caravanes transportant l'opium à travers les montagnes et les jungles, et les détruire au 50 moyen de véritables opérations militaires avant leur arrivée dans les laboratoires clandestins.

Les Nations-Unies, conscientes du danger, ont débloqué 5 millions de dollars qui ont été distribués à une trentaine de villages de montagnards pour les encourager à cultiver du café, du tabac et des haricots . . . à la place du pavot. 55

Roger Holeindre in *Paris Match*, January, 1982

placé à cheval   = _____ ?
monté à cheval   = _____ ?
un fer à cheval  = _____ ?

## VOCABULARY

s'emparer (de)   *to take hold of, grip*
le montagnard   *mountain villager*
le pavot   *poppy*
brasser   *to handle (large amounts of money)*
la filière ⎱
le réseau ⎰   *network*
la pourriture   *rot, corruption*

sillonner   *to cross, plough a way through, ply*
le voyou   *hooligan, lout*
le truand   *gangster*
badiner   *to joke, trifle with*
disposer   *to have available, possess*

## QUESTIONS

1. How are Burma, Thailand and Laos collectively described?
2. What is seen as a disaster for the West?
3. How must the drug supply problem be primarily tackled? Why?
4. In what sense is the drug harvest described as a 'blessing'?
5. How do the drug bosses evade arrest?
6. What various anti-drug agents are operating in Thailand at present?
7. What remarkable 'catch' was made? How was its effect quickly nullified?
8. What part do 'chemists' play in the drugs traffic?
9. Explain the strategic siting of their laboratories.
10. *(a)* Give **three** examples, described in the passage, which show how the drug

traffickers foil the efforts of the authorities to apprehend them and their supplies.

(*b*) Give **three** examples of how the anti-drug agencies, both local and international, are endeavouring to thwart the traffickers' activities.

## EXERCISES

1 Finish each of the following sentences in such a way that it means the same as the sentence printed before it:

*Example*: Le policier la croyait droguée.
*Answer*: Le policier croyait qu'elle était droguée.

(*a*) On a détruit la source de toute l'héroïne.
La source . . .
(*b*) Les trafiquants ont menacé les montagnards et les ont obligés à changer les emplacements.
En . . .
(*c*) Les responsables de cette organisation étaient aussi appréhendés.
On . . .
(*d*) Les agents venaient justement de trouver le laboratoire clandestin quand les trafiquants s'échappèrent.
A peine . . .
(*e*) En cas d'urgence, on pourrait téléphoner au bureau.
S'il . . .
(*f*) Leurs agents, étant bien entraînés, ont pu démonter la filière chinoise.
A cause de . . .

2 For each of the following sentences write a fresh sentence whose meaning is as close as possible to that of the original sentence, but which includes the word(s) supplied in brackets.

(*a*) Avant leur départ, nous leur avons donné des renseignements.
*(avant que/qu')*
(*b*) Elle prit sa place près de la fenêtre, ayant reconnu l'un des trafiquants. *(après avoir)*
(*c*) Le chef de bureau donna l'ordre d'arrêter les pêcheurs.
*(qu'on)*
(*d*) Malgré les protestations des habitants, les soldats ont mis le feu au village. *(quoique)*
(*e*) Les policiers entendaient s'approcher les contrebandiers.
*(qui)*

3 Write brief but clear explanations **in French** of **five** of the following:

| | | |
|---|---|---|
| un réseau | une formule chimique | une récolte |
| un quartier général | le pavot | raffiner |

une jonque          une drogue          implacable

**4** Write brief examples of your own **in French** to illustrate the use and meaning of **five** of the following verbs taken from the passage:

| | | | |
|---|---|---|---|
| atteindre | se douter | participer (à) | disposer |
| déferler | s'emparer de | s'evanouir | inonder |

Try to vary tenses as much as possible.

**5** Fill each blank with a suitable noun or verb form of *tomber*:

(a) Après avoir opéré dans les jungles, plusieurs agents européens sont _____ malades.

(b) Attention! Vous avez laissé _____ votre passeport!

(c) A la _____ de la nuit, nos guides se cachèrent.

(d) Sans la réparation qu'on a faite hier au garage, votre voiture _____ en panne pendant notre voyage.

(e) Un de mes amis se drogua de plus en plus souvent jusqu'à ce qu'il _____ mort.

**6** Translate into French:

(a) Quantities of heroin have already been put on the European black market.

(b) These mountain people at present live solely by growing coffee and tobacco in place of a poppy crop.

(c) Foreign dealers did not suspect that the anti-drug agents were using tricks against them.

(d) American customs officials finally succeeded in breaking up a large organisation which controlled several secret laboratories which straddled the Thai border.

(e) Faced with the growing drugs problem—the 'white tide'—in the West, the United Nations have been forced to act.

**7** Explain the difference between the words in each pair:

| | | | |
|---|---|---|---|
| la matière | la mare | la marche | un procès |
| le matériel | la marée | le marché | un procédé |

**Discutez en français:**

1. Le problème des drogues: comment l'affronter?
2. Les bénéfices des drogues dans notre vie actuelle.
3. Décrivez un film ou un livre basé sur une histoire de drogue.

# 11

# Confrontation

*Factory workers from Sagny, an imaginary but true-to-life industrial district of Paris, prepare to march to the Bastille in the wake of a bitter and unsuccessful strike. Pierre, a worker-priest (prêtre-ouvrier), is heavily involved . . .*

Le jour où les boulangers refusèrent de faire crédit, la grève fut condamnée à mort. Depuis le début, les gars acceptaient qu'il n'y ait plus de vin sur la table et pas grand'chose à manger; mais plus de pain! . . . .

A Sagny et tout autour de Paris, on décida de reprendre le travail le lundi suivant mais aussi de se rencontrer le samedi, dans Paris, sans distinction de parti ni de syndicat, afin de 5 manifester leur unité. De toutes les banlieues ouvrières, ils devaient, par les voies différentes, gagner la place de la Bastille. Le Gouvernement fit savoir que la police arrêterait les cortèges aux portes de la capitale. Paris, fruit précieux à l'écorce amère, ville libre ceinturée de ghettos ouvriers, Paris se défendait contre la contagion.

Vers deux heures, ceux de Sagny se rassemblèrent devant la mairie. On se mit en marche, 10 sans drapeaux, sans banderoles, avec seulement quelques grandes pancartes portant SAGNY en lettres rouges. Pierre et Henri marchaient côte à côte. Pierre avait interdit à Madeleine et au petit Etienne de venir, et supplié Luis de rester chez lui: 'Tu n'as rien à gagner à te faire piquer par la police!'

Le ciel, qui les regardait venir, le ciel qui ne les trouvait sans doute pas assez misérables, 15 les attendait au débouché de l'avenue Gallieni. Une tornade en lever de rideau et une dégelée de pluie! En un tournemain de l'averse, le cortège avait pris l'aspect d'une armée en retraite et, comble de la désolation, il se reflétait dans la chaussée trempée. Les lettres de SAGNY sanguinolaient sur les pancartes. Chacun des gars était sûr, à présent, qu'on n'arriverait pas jusqu'à la Bastille, mais personne ne le disait tout haut. Aussi furent-ils 20 presque soulagés d'apercevoir au loin, barrant l'avenue de Paris, les cars de la police.

'Luis,' fit soudain Pierre, 'retourne là-bas!'

'Si tu m'accompagnais?' répondit l'autre en rigolant.

La troupe accéléra le pas dès que les flics furent en vue, comme pour en finir plus vite. On vit les groupes noirs, au loin, se déployer: le piège s'ouvrir. Plusieurs officiers de paix 25 s'avancèrent et parlementèrent avec les types de tête du cortège. Les képis firent non, les manches galonnées se levèrent au ciel, les capes noires volèrent; les gars, en face d'eux, restaient plantés, les bras le long du corps, sans un geste. Mais deux ou trois coups de sifflet parurent réveiller tout le monde: un bataillon d'agents arriva, courant lourdement, le bâton haut, et les gars de Sagny se dispersèrent, en se criant des points de ralliement. 30

Maintenant, ils formaient quatre groupes distincts sur le rond-point de la Porte de Sagny. Les agents se divisèrent à leur tour et chargèrent, en rabattant le gibier vers le boulevard Duchesnoy. Les gars flairèrent un piège et préférèrent faire face: chasseurs surpris, les flics se laissèrent déborder, et ce furent eux qui se heurtèrent au rempart noir des C.R.S. qui, dissimulés jusqu'alors dans des rues voisines, venaient de barrer le 35 boulevard. Quelques gars avaient réussi à traverser tous les barrages et marchaient déjà

dans Paris. Soudain, les motards de la préfecture arrivèrent en trombe; ils chargèrent en feintant, montant sur les trottoirs, renversant n'importe qui comme s'il agissait de n'importe quoi. Ils fonçaient au milieu d'un vacarme étourdissant de moteurs, de sifflets et de sirènes qui paraissait affoler leur machine aveugle. Des gens s'étaient mis aux fenêtres, à     40
toutes les maisons de la place, et, quand les motos faisaient un peu silence, on les entendait crier: 'Salauds! . . . Salauds!'

Des types restaient allongés, la face contre terre, ou se tournaient lentement sur le dos. Luis, qui soufflait comme un vieillard d'hôpital, s'était accoté contre un arbre pour reprendre haleine. Soudain, il aperçut le petit Etienne—nom de Dieu!—qui courait par là,     45
le visage blanc de rire. Tu parles d'un chouette jeu! Il essaya de l'appeler. Le gosse fonçait droit vers des flics en civil. 'Arrête! Etienne, ici!'. Le petit s'arrêta et tourna la tête. L'un des policiers bondit sur lui. 'Salaud!'—Luis bondit aussi; et Jean, qui l'avait quitté des yeux, ne démarra que quelques secondes trop tard. Il arriva après le coup mais avant la chute, et reçut Luis, sanglant, dans ses bras. Etienne s'était envolé à temps. Jean appela Pierre et     50
deux autres; ils saisirent le vieux par les quatre membres et coururent loin de la bagarre, dans la direction de Sagny. A la hauteur de la rue Davout, ils virent un taxi arrêté dont le chauffeur regardait de loin le spectacle.

'Rue Zola, 28, en vitesse!'

'Dites, vous allez tacher ma bagnole! Je ne marche pas . . .'     55

'Alors, tu reviendras la prendre à l'adresse que je t'ai dite!'

Pierre sauta au volant et mit en marche; les gars avaient allongé Luis sur les coussins et s'étaient tassés, on ne sait comment. Ils entendirent, de plus en plus lointaine, la voix du chauffeur:

'Sans blagues? Eh! dites donc, vous êtes . . .—Adieu!'     60

Gilbert Cesbron: *Les Saints vont en enfer* (abridged)

## VOCABULARY

manifester   *to demonstrate*
  (une manifestation: 'manif'; un(e)
  manifestant(e))
l'écorce(f)   *bark, skin (e.g. of fruit),
rind*
sanguinoler   *to be smeared (in red/
blood), streaked with red*
la pancarte   *placard*
  (*French word* le placard = _____ ?)
'les flics'   *police (slang), the 'cops'*
le gibier   *game, quarry*
C.R.S.   *riot police* (les Compagnies
Républicaines de Sécurité)

arriver en trombe   *to sweep in, flood
in, come rushing in*
un salaud   *swine, bastard*
chouette   *great,   super   (colloq.),
smashing!*
(la chouette = _____?)
le gosse   *kid*
la bagnole   *car, jalopy*
'Sans blagues'   *You're kidding!*

## QUESTIONS

1. Briefly explain the circumstances of the return to work.
2. What type of march was planned? For what purpose? How would the Authorities react to it?

3. What is the 'écorce amère' (l. 8), according to the writer? How does the Government interpret the proposed march on Paris?
4. What does Pierre do that suggests he is anticipating violence?
5. Describe the weather that greets the marchers and the effect it has upon them.
6. Why should they be 'presque soulagés' to see the police barriers?
7. In your own words describe the activities of *(a)* the 'officiers de paix';
          *(b)* the 'bataillon d'agents';
          *(c)* the 'motards de la préfecture';
          *(d)* the local residents.
8. What happens to many of the marchers?
9. What are we told about Luis? Why is he injured?
10. What happens to him as a result?
11. How many passengers does the taxi finally contain? Who is driving it?
12. How will the taxi-driver repossess his vehicle?

---

Give two different meanings for 'la retraite':   *(a)* ____
                                                  *(b)* ____

Explain the following expressions with 'blanc':  *(a)* une nuit blanche
                                                    *(b)* un examen blanc
                                                    *(c)* un blanc-bec

## EXERCISES

1 'Si tu m'accompagnais?' says Luis in the passage; translate the following, using the same construction + **Imperfect Tense**:

*(a)* What about coming with us to Paris?
*(b)* How about carrying a placard on the demo?
*(c)* What about your lending me your motor-scooter?
*(d)* What if we took a taxi to the square?
*(e)* Supposing you phoned the chief of police?

Now ask your partner a question using this construction.

**2** Complete the table:

| Adjective | Feminine form | Example |
|-----------|---------------|---------|
| amer | amère | une boisson amère |
| bas | ——— | ————— |
| vif | ——— | ————— |
| bref | ——— | ————— |
| neuf | ——— | ————— |
| réel | ——— | ————— |
| précieux | ——— | ————— |
| roux | ——— | ————— |
| mou | ——— | ————— |
| net | ——— | ————— |
| grec | ——— | ————— |
| sec | ——— | ————— |
| vieux | ——— | ————— |

**3** Translate each of the following, using a word/phrase derived from *voir*:

  (a) I know most of the lads by sight.
  (b) As soon as the procession was in sight the whistles began.
  (c) The district was crowded with demonstrators as far as the eye could see.
  (d) That's obvious!
  (e) Let me see the letter!
  (f) We'll see each other again soon.

**4** '. . . l'adresse que je t'ai dite' says Pierre to the taxi-driver. Now translate the following, making an agreement **where necessary**:

  (a) Remember all the names I have given you!
  (b) The factory I recently visited was at Sagny.
  (c) It was a strike that our union had organised.
  (d) The workers who had hurt themselves during the march were taken to hospital.
  (e) The girls she had met all came from the suburbs.

**5** Translate the following excerpts from the passage:

  (a) 'ville libre ceinturée de ghettos ouvriers.'  (ll. 8–9)
  (b) 'comme pour en finir plus vite.'  (l. 24)
  (c) 'en se criant des points de ralliement.'  (l. 30)
  (d) 'qui paraissait affoler leur machine aveugle.'  (l. 40)

**6** Insert the English equivalent of each road/traffic sign:

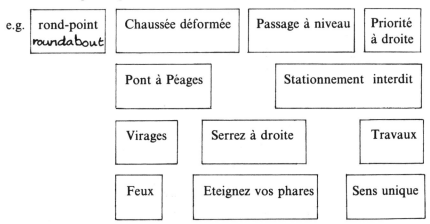

e.g.
| rond-point roundabout | Chaussée déformée | Passage à niveau | Priorité à droite |

| Pont à Péages | Stationnement interdit |

| Virages | Serrez à droite | Travaux |

| Feux | Eteignez vos phares | Sens unique |

**7** Luis is 'accoté contre un arbre': translate each of the following, using a word chosen from the box. Use each word once only.

*(a)* The policeman was crouched behind a barricade.
*(b)* The photographer was on his knees close to me.
*(c)* I lay with my back against the wall.
*(d)* Squatting at the roadside, we waited . . . .
*(e)* Propped on a stick, the old man watched from a distance.

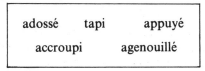

| adossé | tapi | appuyé |
| accroupi | agenouillé |

**Discutez en français**

1. Le rôle de la police dans la communauté.
2. Les grèves: un mal (anglais) ou un moyen légitime de protester contre les conditions de travail? Quel est votre avis?
3. Accepteriez-vous de participer à une 'manif'? Expliquez-en les circonstances. Est-ce que vous avez des slogans à écrire sur une pancarte??? Lesquels?

# 12

# Flying High

Une nouvelle compagnie aérienne, c'est un événement. La création de MIDAIR en est un. Mais pas parce que MIDAIR s'ajoute désormais aux autres compagnies: plutôt parce que MIDAIR ne leur ressemble pas.

**Les avions**: Aller où l'on veut, quand on veut, 24 heures sur 24, à bord d'avions performants, aussi sûrs et confortables que ceux des lignes régulières, ça existe. Grâce à     5
MIDAIR. Vous voyagez à bord de luxueux jetprop, dont la pressurisation vous permet de vous détendre loin au-dessus des turbulences. Avec un équipage de deux pilotes et d'une hôtesse, aussi qualifiés que sur les gros porteurs, au service de 5 à 8 passagers privilégiés.

**Les prix**: 'Tout de même, tout ça doit coûter cher!' direz-vous. MIDAIR répond non. Vous payez une cotisation annuelle, tout à fait raisonnable, qui donne droit en plus à une     10
personne de votre entourage de profiter elle aussi des mêmes avantages que vous. Vous pouvez avoir des invités, par exemple, des clients, des collaborateurs, ou des enfants. Ensuite, vous payez uniquement la distance parcourue par chaque personne, exactement comme sur un vol régulier, au tarif première classe. Rien de plus. Rien de plus . . . mais ce sont tous les avantages précieux du jet privé qui vous sont offerts. Y avez-vous songé?     15

**Les avantages**: Vous proposez votre horaire d'arrivée, 24 heures sur 24. MIDAIR organise votre départ en conséquence. Vous vous posez directement tout près de là où vous allez. Rien qu'en France, il y a 300 aérodromes qui peuvent vous accueillir, dont une centaine par tout temps et à toute heure du jour et de la nuit: c'est dix fois plus que d'aéroports régulièrement desservis par les grandes compagnies aériennes. Vous vous posez rarement     20
à plus d'une trentaine de kilomètres de votre lieu de rendez-vous. A l'inverse, MIDAIR, où que vous habitiez, met à votre porte, en direct et sans souci, les grands aéroports internationaux et assure votre correspondance avec les vols intercontinentaux.
*Paris-Tokyo, c'est facile: c'est direct.
MIDAIR, c'est le porte-à-porte. La France, l'Europe en travers, en moins d'une journée     25
aller et retour, au jour et à l'heure qui vous conviennent.

*Plus de précipitation, de délai exorbitant pour vous rendre à l'aéroport, de peur de rater l'avion. Avec MIDAIR, on vous attend pour décoller, votre voiture vient se ranger à quelques mètres de l'appareil.

*Plus d'avions complets. Plus de liste d'attente. Plus de bagages égarés (ça arrive), au     30
contraire c'est en toute quiétude que vous emportez avec vous des échantillons, des maquettes, un tableau de valeur sous le bras, ou encore votre sac de golf, votre paire de skis. Vous pouvez emmener votre chien avec vous.

*Vous travaillez dans l'avion comme à votre bureau, entouré de vos collaborateurs. Ou bien vous prenez un repas à bord, qui ne manquera jamais de vous être agréable.     35

*Vous êtes chez vous. Tout au plus, si vous n'occupez pas tout l'avion, y rencontrerez-vous un autre habitué de MIDAIR qui allait dans la même direction.

*Tout cela, MIDAIR vous l'offre pour un prix compétitif qui vous surprendra. Vous séduira. Vous aurez découvert une nouvelle façon de voyager dont vous ne pourrez plus vous passer.

40

Vous voulez en savoir plus sur MIDAIR? Alors retournez-nous le coupon-réponse ci-joint: vous recevrez une documentation complète et les conditions d'adhésion.

---

**J'aimerais recevoir votre documentation complète.**

NOM ...........................................................

PRÉNOM ...........................................................

SOCIÉTÉ ...........................................................

FONCTION ...........................................................

ADRESSE ...........................................................

...........................TÉL ...........................

Envoyez ce coupon à:
MIDAIR, Tour Gan cedex 13. 92082 Paris La Défense
TÉL. 774.50.17

**MIDAIR**

Une nouvelle façon de voyager

---

## QUESTIONS

1. How does the MIDAIR company explain its use of the word 'event' in relation to its new airline?
2. What features of the aircraft operated by MIDAIR should ensure complete passenger comfort?

3. At what type of passenger is the advertising data chiefly aimed?
4. How will prospective clients bear the cost of flying by MIDAIR?
5. What other facilities does the payment include?
6. Briefly describe the personalised itinerary arrangements mentioned.
7. What comparison, advantageous to MIDAIR, is made between MIDAIR itself and the big airlines?
8. Explain what is meant by the MIDAIR claim to 'assure votre correspondance avec les vols intercontinentaux'? (l. 23)
9. Explain what the interested client will receive in response to his/her completed coupon.
10. Give the words used in the passage which correspond to each of the following:
    *(a)* crew  *(b)* (distance) covered  *(c)* timetable  *(d)* served by
    *(e)* to miss (a flight)  *(f)* to become airborne  *(g)* samples
    *(h)* enclosed; attached

Taking turns with a partner, imagine you are booking seats for yourself and a friend/relation on a MIDAIR flight to a holiday resort in France or Switzerland. Make your booking **in French**, spelling out your name, date of birth and home telephone number (or give school/college number) in French. Specify duration of the proposed holiday with dates, times and itinerary.

## EXERCISES

1 Translate the following sentences into French, using a suitable form of the verbal expressions provided. Use each expression once.

   *(a)* The regular route doesn't suit them at all!
   *(b)* Our hostess was busy with the meals, surrounded by smiling passengers.
   *(c)* There's always a long delay getting to the airport on time.
   *(d)* After an hour's wait on board the aircraft (avoid *avion*) the pilot allowed us to get off.
   *(e)* We were able to relax during the long flight to Orly airport.

| | | |
|---|---|---|
| permettre à (+de) | s'occuper de | se détendre |
| convenir à | entouré de | se rendre à |

2 Write a brief sentence **in French** explaining the meaning of each word in its **political** context:

   *(a)* la détente  *(b)* l'entente cordiale  *(c)* un collaborateur

**3** Complete each of the following words, all synonyms for *une compagnie (Cie)* in the business sense. Give the gender for each.

s ____ é          f ____ e
m ____ n          ét ____ t
e ____ e

**4** Look at this example from the passage:

'Vous aurez découvert une nouvelle façon de voyager *dont* vous ne pourrez plus vous passer.'

*i.e.,* the verb *se passer* + *de* (to do without) uses *en* as the Object pronoun and *dont* as the Relative pronoun.

Now translate the following, using an appropriate form of the verbs/expressions provided + a *dont* construction:

(*a*) That's the journey she still remembers!          (*se souvenir de*)
(*b*) Where's the pen I usually use?          (*se servir de*)
(*c*) What we need now is the flight number.          (*avoir besoin de*)
(*d*) It's a delay we can do without.          (*se passer de*)
(*e*) What they all fear is the take-off!          (*avoir peur de*)

**5** Write a Summary **in French** of the main advantages of flying by MIDAIR, according to the passage. Use about 130 words. Your answers to some of the Comprehension questions earlier may be of help to you. Do not add any information.

**6** Fill each blank with one word taken from the box and then translate the sentences into English. All the expressions provided are associated with time.

(*a*) Nous serons ____ des habitués de Midair, après avoir lu leur publicité!
(*b*) D'abord nous nous installâmes à nos places, ____ l'hôtesse nous expliqua les mesures de sécurité.
(*c*) Il était ____ pilote avec une grande ligne aérienne. Il y a dix ans!
(*d*) ____ je vais vous raconter tout ce qui s'est passé pendant le vol!
(*e*) J'ai voyagé ____ en Amérique par 'Concorde'. C'était formidable!

> ensuite   naguère   or
> désormais   jadis

**Discutez en français**

1. Vos expériences comme passager d'avion. Est-ce que vous souffrez du mal de l'air?

2. Décrivez un autre voyage (par n'importe quel moyen) que vous avez fait récemment.
3. Devenir pilote/hôtesse de l'air: Quels sont les avantages/désavantages d'un tel métier?
4. FRANGLAIS: Donnez-en quelques exemples tirés du passage. Dans quels cas pourrait-il être inacceptable de l'utiliser?

# 13

# The Coca-Cola Story

Quel est le point commun entre la navette spatiale et le Tour de France? Réponse: Coca-Cola. C'est Coca-Cola qui, détrônant Perrier, apaisera la soif des coureurs du Tour 85; Coca-Cola encore qui, grâce à une boîte spéciale mise au point par la Nasa (l'agence spatiale américaine), deviendra le premier soda de l'espace.

Depuis quatre-vingt-dix-neuf ans, ce goût étrange venu d'Atlanta (Georgie) colonise les 5
gosiers. Jusqu'à cette année, la longévité de son emprise sur le monde n'avait d'égal que la stabilité de sa formule secrète. Baptisée '7X', soigneusement enfermée dans le coffre d'une banque, et connue, dit-on, de cinq personnes seulement depuis les origines. La formule de l'élixir de santé du Dr John Pemberton, pharmacien de son état, inventeur, en 1886, d'un sirop noirâtre censé apaiser toutes les maladies de la Terre, de la neurasthénie aux maux 10
d'estomac. On absorbait la potion allongée d'eau plate. Un jour, dans un drugstore d'Atlanta, on y mit de l'eau de Seltz: le début de la gloire.

Pendant un siècle, Coca-Cola va régner sur le monde. Il est vendu actuellement dans 155 pays. Plus de 300 millions de bouteilles ouvertes par jour. Seulement voilà, les lois de la concurrence contraignent Coca, cinquième firme américaine, au changement. 15

La faute à qui? A Pepsi: un jeunot qui, après quatre-vingt-sept ans de lutte, vend presque autant que son aîné sur le marché américain et s'est imposé dans les supermarchés.

La lutte a été féroce. Pepsi est plus sucré, plus siropeux, plus 'collant', et ça plaît. On voyait plus de la moitié des fidèles de Coca succomber au goût de l'autre. Coca a dû s'aligner. Il change de goût, mais refuse d'avouer qu'il a copié. A l'en croire, ce n'est qu'un 20
hasard. Une découverte des chimistes de la maison, faite tandis qu'ils travaillaient sur un autre produit, le Diet Coke, et plébiscitée par le personnel. En tout cas, depuis avril dernier, l'inimitable saveur a perdu de son âcreté. On ne la découvrira, en France, qu'en 1986, car il faut épuiser les stocks que l'on pensait voués à la vie éternelle.

Aux Etats-Unis, la mutation a créé un vrai choc. Equivalant, en France, à une 25
chaptalisation du mouton-rothschild. 'C'est comme si on avait affublé la statue de la Liberté d'une minijupe' regrette le magazine *Time*, qui ne plaisante pas avec les mythes fondateurs de la nation. En se reniant de la sorte, Coca a en effet pris un risque énorme. Celui de perdre une partie de sa clientèle. Afin de maintenir le consensus sur la marque, le président de Coca-Cola Etats-Unis, a fait appel à des spécialistes de la stratégie politique. 30
Un démocrate et un républicain, pour jouer sur les deux tableaux: celui du changement et celui de la tradition.

Dans l'histoire de la société, la nouvelle formule du Coca-Cola (nom de code '7X 100'), c'est plus qu'un coup d'Etat: une révolution. Aucun industriel au monde n'a jamais été aussi fidèle à ses origines. La même calligraphie, imaginée au XIXe siècle par le comptable 35
de Pemberton, orne toujours les petites bouteilles dessinées, elles, en 1916, et conçues pour être reconnues même par les aveugles. Le même slogan publicitaire ('Délicieux et rafraîchissant') du pharmacien a servi pendant cinquante ans. Ce sont, enfin, les idées commerciales de Robert Woodruff, président élu en 1923, qui sont encore appliquées. Il invente tout: des glacières estampillées de la marque rouge et blanc aux réfrigérateurs 40
publicitaires; des distributeurs automatiques au costume des livreurs, jusqu'aux fameux

objets publicitaires, qui font, aujourd'hui, la joie des collectionneurs.

La Seconde Guerre mondiale fait le reste. Pendant toute la guerre, la marine américaine achemine vers le front, gratuitement, de quoi construire 64 usines au front! On les démonte pour les reconstruire ailleurs, en suivant le théâtre des opérations. Ce sont elles,   45
qui, stabilisées à la fin du conflit, conquerront l'Asie, l'Europe et l'Afrique. Dans le Maghreb, des ânes bâtés de rouge et estampillés Coca-Cola livrent les bouteilles jusqu'aux villages les plus reculés. La 'Coca-colonisation' est en marche. Et le logo, qui va se répandre sur toute la planète, restera longtemps pour les tiers-mondistes l'un des principaux symboles de l'impérialisme américain.   50

Dès 1949, un test commercial, réalisé auprès de 400 Américains, donne la dimension du phénomène. On présente aux consommateurs quatre objets, très connus, sans marque apparente: un stylo (Parker), une voiture (Ford), un briquet (Ronson) et une bouteille de Coca-Cola: 99.75 % identifient la bouteille. Les autres produits ne le sont qu'entre 64 et 82 %.   55

Et, au retour des astronautes américains de la Lune, Time Square s'illuminait d'un gigantesque 'Bienvenue sur Terre, berceau de Coca-Cola'!

Sylviane Stein in L'Express (abridged) 14.6.85

---

> Working with a partner, draw up a brief list of
> the better-known French wines and liqueurs.

---

## VOCABULARY

la navette spatiale  *space shuttle*
le gosier  *throat*
de son état  *by trade*
allonger (de)  *to dilute (with)*
l'âcreté (f)  *sharpness (of taste), pungency*

NB: s'allonger = *to lengthen, stretch out e.g.,* Les jours s'allongent.

une chaptalisation  *adding of sugar to fermenting wine*
affubler (de)  *to rig/deck with, kit out with*
bâter  *to (load with a) packsaddle*
les tiers-mondistes  *Third World observers/supporters*

## QUESTIONS

1. Explain the connection(s) mentioned in the first paragraph.
2. Describe the measures taken to safeguard the secret '7X' formula.
3. Describe the original form of the Coca-Cola drink and the various claims made about it by its inventor.
4. What single factor was to bring about its phenomenal appeal?
5. Why did Coca-Cola change its flavour? Briefly summarise the circumstances.
6. Describe the American reaction to this flavour change. Why was the new taste not savoured by its French consumers until later?
7. What were the political experts meant to do?

8. In what ways did the Coca-Cola company publicise its product?
9. How did the Second World War affect the fortunes of the Coca-Cola company?
10. What factor, in particular, as a result of the war furthered the expansion of Coca-Cola? How was Coca-Cola received in the Third World?

## EXERCISES

**1** Write brief examples in French showing the difference in use and meaning between the words in each pair:

| âcre | enfermé | auprès de | le dessin | servi |
|------|---------|-----------|-----------|-------|
| âpre | renfermé | d'après | le dessein | sévi |

**2** Identify the 'root word' in each of the following and give the meaning of each, briefly explaining the derivation: e.g., *le comptable* (1.35). Accountant. Root word: *compter* = to count.

Thus it may be possible to guess at the meaning of what may appear to be an impenetrably difficult word or phrase!

| | | | | |
|---|---|---|---|---|
| *(a)* | mondiale | (l. 43) | *(f)* fondateur(s) | (l. 28) |
| *(b)* | acheminer | (l. 44) | *(g)* épuiser | (l. 24) |
| *(c)* | la glacière | (l. 40) | *(h)* s'aligner | (l. 20) |
| *(d)* | soigneusement | (l. 7) | *(i)* apaisera | (l. 2) |
| *(e)* | rafraîchissant | (l. 38) | *(j)* détrônant | (l. 2) |

**3** Look at this sentence:

'Once she had arrived at the building, she made for the manager's office.'

(Note: The subject of the first clause 'she' is also the subject of the second clause.)

It can therefore be translated thus, using a past participle instead of a verb:

*Arrivée* à l'immeuble, elle se dirigea vers le bureau du gérant.

Now translate each of the following, using the same construction in the italicised section:

*(a)* *Having seated herself* in the corner, she watched the other passengers get in.

*(b)* *When they had reached* the frontier, the tourists had a long rest before going on.

*(c)* *Once I had settled* in one of the prettiest parts of the country, I began work on my new novel.

*(d)* *Being known* to only a few people, the secret formula was impossible to obtain.

*(e)* *Having been imprisoned* for stealing the company's cash-box, the accountant was finally set free three years later.

*(f)* *Once we had got off* the train, we immediately went to collect our luggage.

**4** Translate any **three** of the following phrases taken from the passage:

   *(a)* 'la longévité de son emprise sur le monde'        (l. 6)

   *(b)* 'plébiscitée par le personnel'        (l. 22)

   *(c)* 'Coca a dû s'aligner'        (ll. 19–20)

   *(d)* '. . . qui ne plaisante pas avec les mythes fondateurs de la nation'

        (ll. 27–8)

   *(e)* 'afin de maintenir le consensus sur la marque'        (l. 29)

**5** Fill each blank with *autant que, tant de, autant de* or *tant*. Use each expression only once. Make any minor changes necessary.

   *(a)* J'ai reconnu le dessin tout de suite, ＿＿ il ressemblait au logo publicitaire!

   *(b)* La compagnie française produit ＿＿ bouteilles par an que sa filiale étrangère.

   *(c)* Actuellement on boit le Pepsi-Cola ＿＿ le Coca-Cola.

   *(d)* Elle avait tellement soif! Elle a bu ＿＿ limonade!

Now write four more examples of your own.

**Discutez en français**

1. L'influence de la publicité dans notre vie quotidienne; ses effets sur les jeunes.
2. 'Les mythes fondateurs de la nation': quels sont les nôtres?
3. Le rôle des grandes puissances dans le Tiers Monde.
4. Les multi-nationales: pensez-vous qu'elles exercent une influence trop grande?

# 14

# The Early Days of Rock and Roll

Le rock and roll blanc, qui marqua aux Etats Unis l'introduction du blues et de ses dérivés dans la musique populaire d'audience nationale, connut dans une grande mesure sa gloire en dépit du monde adulte, dont la réprobation agit sur lui à la façon d'un stimulant. Certes, ce monde adulte ne fut pas étranger à la propagation du rock, et l'industrie du show-business connut, à partir de 1955, un nouvel essor. Mais la cause en était aussi 5 nouvelle: pour la première fois, tout un secteur du marché du disque était accaparé par le public, négligé auparavant, des adolescents blancs. Ceux-ci réservèrent un accueil sans précédent à une partie des artistes noirs qui, soutenue notamment par le disc-jockey Alan Freed, fut bientôt rejointe sur son terrain par une cohorte de chanteurs et d'orchestres blancs. Dès lors, il devint plus difficile pour les Noirs de conserver une position 10 commercialement stable en dehors du marché réservé à leur race. A ce sujet, nombre d'entre eux rappellent aujourd'hui avec amertume les vicissitudes qu'ils eurent à connaître. Mais tous ne furent pas écartés, loin de là: ils trouvèrent en cette période de quoi amorcer ou prolonger leur carrière. Pour ce qui touchait aux traits distinctifs de leur musique, on observa qu'ils se répandaient rapidement au-delà de la 'barrière de couleur'. 15 Après quelques années, ce phénomène aboutit à une dilution de l'idiome originel dont Tin Pan Alley, (à New York, quartier des éditions musicales et des compositeurs 'professionels' de genre populaire), toujours à l'affût des coups d'éclat financiers, se rendit grandement responsable. Cependant, une poignée de rock'n' rollers blancs—les seuls à vrai dire qui méritent cette dénomination—réalisa entre-temps une réelle fusion du blues et 20 des traditions blanches que l'on réunit sous le terme de 'country music'.

En 1954 à Memphis (Tennessee), dans les studios de la compagnie SUN dont Sam C. Phillips est le président, Elvis Aaron Presley, retenu pour l'enregistrement d'une ballade sur la foi d'un disque-épreuve réalisé l'année précédente, semble embarrassé par la chanson qui lui est soumise. Au gré de Phillips, il n'en tire qu'un parti médiocre. Celui-ci 25 dit alors à Presley de 'chanter tout ce qui lui passe par la tête pendant les trois heures suivantes'. L'expérience s'avérant à peine plus concluante, Phillips lui adjoint deux musiciens, le contrebassiste Bill Black et le guitariste Scotty Moore, et suggère au trio de répéter une semaine avant de tenter une autre séance. Lorsqu'elle a lieu, Phillips juge les progrès modestes et accorde une pause aux trois partenaires, sans conserver beaucoup 30 d'espoir. Au cours de cette trêve, Presley se met à chanter librement un blues noir. Ses accompagnateurs reprennent aussitôt leurs instruments, Phillips presse les techniciens de brancher les micros, et en une heure le disque est prêt. Le disc-jockey de Memphis qui le programme peu après se voit submergé d'appels téléphoniques, et en une semaine la firme SUN reçoit plus de six mille commandes de la part des auditeurs. 35

Pour Presley et ses apôtres le blues fut la source de forces nouvelles et le moyen d'échapper au ton douceâtre de la chanson conventionnelle. La nature de ses thèmes et surtout leur adhérence immédiate à la réalité rompaient avec la sensiblerie affectée des 'crooners'—les chanteurs de charme. Solitude, séparation, incertitude, toute la vie adolescente pouvait s'exprimer autrement que par un sentimentalisme désincarné.    40

Philippe Bas-Rabérin: *Le Blues Moderne*

> Est-ce que vous avez une chanson préférée?
> Décrivez-la à votre partenaire.

## VOCABULARY

l'essor (m)   *rise, expansion, blossoming*
accaparé (par)   *monopolised, totally absorbed (with/by)*
une cohorte   *troop, band*
les vicissitudes   *ups and downs, whims of fate*
amorcer   *to start, promote*
être à l'affût de   *to be on the lookout for*

enregistrer   *to record*
au gré de   *to the liking/taste of*
il s'avère que   *it turns out that/transpires that*
un apôtre   *follower, apostle*
désincarné   *disembodied*

## QUESTIONS

1. How did adult reaction to rock and roll affect its development?
2. What new factor injected fresh life into the show-business industry in 1955?
3. What part did Alan Freed play in this?
4. Explain how black musicians were variously affected by these developments.
5. In what context is the 'colour bar' mentioned?
6. What and where is Tin Pan Alley? What influence did it have upon the 'new' music?
7. How is 'country music' described?
8. Summarise Elvis Presley's recording studio experiences in 1954.
9. How did he come to the public's attention?
10. What features of early rock and roll appealed to *(a)* the singers themselves; *(b)* young people?

## EXERCISES

**1** Translate into English:

*(a)* 'ceux-ci réservèrent un accueil sans précédent' (ll. 7–8)
*(b)* 'tous ne furent pas écartés' (l. 13)
*(c)* 'au cours de cette trêve' (l. 31)
*(d)* '(Phillips) presse les techniciens de brancher les micros' (ll. 32–3)
*(e)* 'la sensiblerie affectée des 'crooners'' (ll. 38–9)

**2** Give the English equivalent for each of these expressions:

| | |
|---|---|
| un coup d'éclat | un coup de vent |
| un coup de chance | un coup de main |
| un coup d'œil | un coup de grâce |
| un coup de poing | |

Add 3 more to the list.

**3** Translate into French:

*(a)* Everything this band has played has been recorded in our studios.

*(b)* I gave her a record of a singer she'd never heard before.

*(c)* It was becoming difficult to maintain a commercial position in this new music market.

*(d)* After the programme had taken place the Company was flooded with orders from listeners.

*(e)* This American artiste, neglected by the public previously, has recently made rapid progress thanks to a new song by a professional composer.

**4** Explain the meaning of each of these French words **as used in English** and give their original (French) meaning where it differs from English usage:

| | | | | |
|---|---|---|---|---|
| coup | séance | étiquette | genre | timbre |
| régime | premier | réservoir | débutant | ensemble |
| niche | cortège | | | |

Now suggest 5 more examples.

**5** Rewrite each of these phrases in your own French without change of meaning:

*(a)* 'Pour ce qui touchait aux traits distinctifs de leur musique'  (ll. 14–15)

*(b)* 'L'expérience s'avérant à peine plus concluante'  (l. 27)

*(c)* 'leur adhérence immédiate à la réalité'  (l. 38)

**6** Use each of these expressions in brief examples of your own, bringing out clearly their use and meaning:

*(a)* il s'agit de  *(b)* d'entre eux  *(c)* de quoi
*(d)* autrement  *(e)* en dehors de  *(f)* dès lors

**7** Translate into French, using *celui-ci, celui-là, ceux-ci,* and *ceux qui*:

*(a)* A guitarist and bass-player were rehearsing; the latter was called Bill, the former 'Scotty'.

*(b)* Those (people) who were listening seemed embarrassed by the song!

*(c)* Presley's music was welcomed by adolescents, and these (people) bought his records at once.

Now write 4 examples of your own.

**8** Explain the difference in use and meaning between the words in each pair:

| | | | |
|---|---|---|---|
| le quart | le tout | le moyen | la foi |
| le quartier | un atout | la moyenne | la foie |

### Discutez en français

1. La musique populaire: expliquez vos préférences à votre partenaire.
2. 'Le mouvement Pop fait partie du système d'exploitation commerciale qui touche les jeunes au plus grand profit.' Est-ce que vous êtes du même avis ou non?
3. 'Elvis Presley répondit au besoin qu'avait la jeunesse blanche d'un porte-parole de sa race.' Comment justifier cette opinion?
4. 'Être "branché" ': discutez le sens de cette expression d'argot. Qu'entendez-vous par là?

# 15

# A Fortune Down Under

C'est une histoire à la Somerset Maugham avec des héros revus par Graham Greene. Au centre, il y a Michael Hatcher, l'orphelin de Londres envoyé à l'âge de 15 ans dans les fermes d'Australie où l'on déteste les Anglais. Hatcher, qui, sorti de ce Far West à la Dickens, gagne de l'argent en vendant des barbecues, apprend la plongée sous-marine et part un jour de 1967 sur un rafiot vers les îles de la Sonde . . . Au détour d'un lagon, il rencontre des plongeurs, qui font fortune en repêchant le cuivre des navires de la Seconde Guerre mondiale. Au bout d'un mois, Hatcher est devenu l'un des leurs. Au bout de dix ans, il fonde sa société de récupération avec un ami de Singapour, S. H. Ong, qui sait jongler avec les chiffres. Au bout de douze ans, il est riche. Et il rêve. Son idée fixe: aller à la pêche aux trésors des jonques coulées dans la mer de Chine. Un jour de 1983, il repart en direction des îles de la Sonde. Là, près d'une barre de récifs qui affleurent presque l'eau, véritable piège à bateaux à 200 milles au sud des côtes de la Malaisie, Hatcher et ses plongeurs repêchent la cargaison de porcelaines d'une jonque chinoise. En quatre ventes chez Christie's à Amsterdam, 23,000 pièces totalisent près de 26 millions de Francs.

Hatcher a compris. La ferraille de guerre, c'est bien. L'art au fond des mers, c'est fabuleux. Il sent qu'il faut être systématique. C'est ici qu'entre en scène le troisième héros de l'histoire.

Max de Rham, géologue lausannois, qui manqua mourir d'ennui après deux années passées à explorer les strates du sol helvétique pour le compte de sociétés industrielles, fonde avec le plongeur britannique et l'indispensable S. H. Ong, la United Subsea Service. En mars 1985, Hatcher et de Rham sont de retour au piège à bateaux. Deux mois durant, ils balaient la mer au sonar et à la sonde magnétique.

C'est l'échec. Un milliard de centimes engagés pour rien. Les plongeurs ont fait leur sac. Devant la mer turquoise, de Rham a un sursaut, Hatcher acquiesce : on restera encore deux jours. Deux heures plus tard, le sonar alerte : forme allongée de 40 mètres, objets durs à l'intérieur, certains en surface. Hatcher et de Rham plongent, tombent sur un mur de brique avec des plaques métalliques. L'horreur : ce bateau a l'air moderne. Mais, soudain, une ancre, typique du XVIIIe siècle, puis des canons de fer, puis des tessons. En dix semaines, ils remontent 120,000 porcelaines chinoises de la même époque. Emballées dans du thé, elles ont miraculeusement résisté deux cent trente trois ans.

L'autre miracle, c'est l'opération de Christie's. Une conférence de presse spectaculaire le 28 janvier à Amsterdam, avec film vidéo et des échantillons à l'appui, fait sensation. D'autres suivent à Londres, à New York, en Suisse. La télévision et la presse réalisent, gratis, une publicité qui vaut des milliards. En avril, nouvelle conférence de presse, nouvelle 'révélation': l'identité de l'épave, le 'Geldermalsen', de la Compagnie hollandaise des Indes orientales, dont les initiales sont moulées sur l'un des canons. Le manifeste du bateau, conservé dans les archives d'Amsterdam, concorde avec la cargaison, qui contenait des lingots d'or chinois, fort rares. Aucun autre bateau de ce type n'a coulé dans cette région vers 1747, date déchiffrée sur une cloche.

La vente a duré cinq jours. Les plats décorés de poissons et de fleurs bleues, sorte de marchandise d'Uniprix vieille de plus de deux siècles, se vendaient dix fois l'estimation—

deux d'entre eux ont dépassé 334,000 Francs—les lingots d'or en forme de soulier, huit fois le prix de l'once. Le monde entier achetait. D'amateurs d'art, on ne voyait guère l'ombre. Mais tous les adolescents ayant atteint la quarantaine essayaient, fortune faite, de rattraper leurs rêves d'aventures au fond des mers.

Joseph Roy in *L' Express*, 16.5.86 (abridged)

| | | |
|---|---|---|
| une cafetière | = | ____ ? |
| une carafe | = | ____ ? |
| une théière | = | ____ ? |
| une bouilloire | = | ____ ? |

## VOCABULARY

un rafiot   *old tub of a boat*
les Îles de la Sonde   *Sunda Islands*
la récupération   *salvage, recovery*
jongler   *to juggle, be a wizard with*
une jonque   *sailing junk*
couler   *to sink*
la ferraille   *scrap-iron*
les strates   *strata*

balayer   *to sweep*
la sonde   *sounding device, probe*
l'échec   *failure (check, in chess)*
avoir un sursaut   *to have a 'blip'/surge (on sonar screen); to be startled*
des tessons   *shards, pieces of bottle*
à l'appui   *as back-up, as supporting evidence*
(une) ombre de   *hint/suspicion/sight of*

## QUESTIONS

1. What are we told of Michael Hatcher's life up to (and including) the year 1967?
2. Explain how he became rich over the next twelve years.
3. What overriding ambition preoccupies him?
4. Explain *(a)* how this ambition was fulfilled in 1983.
         *(b)* how this success changed his approach to salvage work.
5. What do we learn of Max de Rham?
6. Describe *(a)* how the wreck of the 'Geldermalsen' was located, and the divers' initial reaction to it.
         *(b)* what suddenly convinced them otherwise.
7. How did *(a)* Christie's and *(b)* the Press contribute to the successful sale of the ship's cargo?
8. How was the wreck positively identified as that of the 'Geldermalsen'?
9. Why, is it suggested, might the exorbitant prices paid for the salvaged porcelain be considered rather surprising? What other cargo was the 'Geldermalsen' carrying?
10. What sort of people were unlikely to be able to afford these prices?

**EXERCISES**

**1** Write brief but accurate explanations **in French** of each of the following as they occur in the text:

'une société de récupération' (l. 8)   'une cargaison'      (l. 13)
'une idée fixe'              (l. 9)   'un piège à bateaux' (l. 12)
'la ferraille de guerre'     (l. 15)

**2** Express each of the following **in French**:
(Refer to the passage for selected vocabulary and structures)

*(a)* When you were eighteen you used to earn your living selling sub aqua equipment.
*(b)* You almost died of boredom after a month spent in an office working for an industrial company.
*(c)* You think that the recovered merchandise looks valuable; worth millions, perhaps.
*(d)* You think the Chinese porcelain will sell for at least twice the official estimate at the auction sale.
*(e)* You have only one thing in your mind: to found your own exploration company.
*(f)* You would like the samples of perfume wrapped up.
*(g)* As you have reached the age of sixty, you intend to retire at the end of the year.

**3** Write brief examples **in French** bringing out clearly the difference in use and meaning between each of the words/phrases in the following pairs:

envoyer/renvoyer      le fond/les fonds      en forme/en forme de
ennuyeux/ennuyant     plus de/plus que       je suis sorti/j'ai sorti

**4** Write a suitable word taken from the passage which fits the context in the blank space in each of the following sentences. You may make minor modifications to the word if necessary.

*(a)* Est-ce qu'ils avaient réussi à _____ le message secret?
*(b)* Il nous reste _____ de trois jours pour trouver l' _____ du bateau coulé.
*(c)* Le représentant de Christie's vient de _____ une campagne publicitaire.
*(d)* Il faut se dépêcher; nous avons du temps à _____ .
*(e)* Sois sage, mon enfant, et ne fais pas de _____ !
*(f)* Voici les lingots d'or _____ la date de fabrication est moulée en chinois.
*(g)* Notre plongée terminée, nous serons de _____ vers minuit.
*(h)* Malheureusement les fonds nous _____ pour pouvoir continuer l'exploration.

**Discutez en français**

1. Un voyage en Chine: est-ce que ça vous intéresse? Donnez vos raisons.
2. Décrivez la journée où Michael Hatcher et son ami de Rham découvrent la cargaison précieuse du 'Geldermalsen'.
3. Expliquez pourquoi le contenu du 'Geldermalsen' a fait une telle sensation.
4. Quels sont vos 'rêves d'aventures'?

# 16

# Soccer Hooligans

Les drapeaux sont en berne à Liverpool. Jamais la ville n'avait sombré dans une telle déprime. Jamais elle n'oubliera cette soirée du 29 Mai, à Bruxelles . . .

Pas de chance. Depuis des années, Liverpool est synonyme de faillite, de misère, de chômage et de délinquance. Southampton et Rotterdam ont depuis longtemps pris la place de ce port qui fut le deuxième du monde, après New York. Les 18 kilomètres de docks 5 tombent en ruine. Les usines ont fermé les unes après les autres. Coton, tabac, construction automobile—il ne reste rien. Peu à peu, les habitants ont fui la ville, qui a perdu le tiers de sa population. 80 % des jeunes sont sans emploi, et la situation risque d'aller de pire en pire.

Pourtant, Liverpool, qui faillit, au XIX siècle, devenir la capitale de l'Angleterre, a tout 10 fait, depuis une dizaine d'années, pour gommer cette image négative. Le City Council a organisé des Floralies internationales, rénové les entrepôts, réhabilité des logements sociaux. Mais rien n'y fait. Et, maintenant, tout ce sang versé pour un match du Liverpool Football Club, l'équipe au maillot rouge, quatre fois champion d'Europe et quinze fois champion d'Angleterre. Ce club était la fierté de la ville: Liverpool n'avait pas besoin de 15 tant d'indignité.

C'est par les 'hooligans' que le déshonneur est arrivé. Le nom bizarre viendrait d'un certain Patrick Hooligan, criminel irlandais, condamné à mort à Londres en 1898. Depuis, ce patronyme est devenu synonyme de 'voyou' en argot. Et, très vite, il a désigné, précisément, les casseurs des stades, surtout au Heysel, tribune Y, quand les 38 spectateurs 20 sont morts, écrasés par la foule qui fuyait la violence.

Le hooliganisme a toujours existé en Angleterre. Même avant la Première Guerre Mondiale. David Mulholland, 21 ans, un étudiant de l'école polytechnique de Liverpool, vient de terminer une thèse sur le sujet. Il explique comment les stades de football ont toujours été un lieu de défoulement, d'expression des frustrations. Comment chacun y 25 affirme son identité et son attachement loyal à son club, à sa 'tribu' (les Mods, les Rockers, les Skinheads, les Punks etc.) ou à sa classe sociale. C'est 'eux' contre 'nous'. Il y règne une atmosphère de guerre. Il y a aussi des individualistes qui cherchent, à leur tour, à se faire remarquer, chacun à sa manière . . .

M. Mulholland décrit le hooliganisme comme une sous-culture déviante, associée au 30 vandalisme, aux graffiti, aux destructions des lieux publics par une classe sociale qui a perdu sa force et sa place. Une classe qui se révolte contre l'embourgeoisement et l'internationalisation du foot. Qui cherche à reprendre le contrôle d'un jeu qui, historiquement, lui appartient. La ségrégation entre places assises et places debout, l'installation de barrières n'ont fait que renfoncer leur frustration et les rendre plus 35 menaçants et agressifs. La retransmission télévisée des matchs et des exactions des bandes n'a fait qu'attiser le désir des hooligans de se faire remarquer. Ils font peur et ils aiment ça.

Les Jeunes, sans job et sans espoir de promotion sociale, ont, comme seuls moyens d'affirmer leur force et leur suprématie, la défense de leur quartier, de leur territoire. Chaque match donc est prétexte à bagarres pour défendre une réputation de durs. C'est un 40 point d'honneur. Pas question de laisser un ennemi pénétrer sur les gradins qui leur sont réservés. Ce serait une violation de territoire. Les gangs rivaux d'une même ville s'associent, quand il s'agit de défendre l'honneur de leur cité face aux visiteurs des autres clubs anglais. Et les villes rivales se retrouvent coude à coude pour affronter les clubs étrangers.                                                                                                                45

Si les hooligans ont contaminé les autres clubs européens, ils contaminent aussi, peu à peu, les autres sports anglais, le rugby, et même le cricket, lors des grands matchs. 'Mettre au pas le hooliganisme sera autrement plus difficile pour Mme Thatcher que de gagner la guerre de Falkland' constatait le journal *The Guardian*. Sa réputation de Dame de fer est en jeu. Depuis quelques années, la lutte contre ce fléau est devenue un enjeu politique.    50

Après le drame de Bruxelles, voilà l'Angleterre bannie des compétitions européennes pour une durée indéterminée . . . Cette fois, c'est Mme Thatcher elle-même qui a pris des mesures choc: vente de boissons alcoolisées interdite dans les stades et aux alentours, renforcement des pouvoirs de la police, surveillance par caméras vidéo, création de cartes de supporters, obligatoires pour se rendre à un match. Pour un pays où la carte d'identité  55
n'existe pas, la décision est historique!

Ghislaine Ottenheimer in L'Express 14.6.85

---

Compose a brief dialogue in French between a football spectator who is used to soccer violence and David Mulholland who is investigating the reasons for soccer violence and the attitudes of the 'fans'. Use about 130–150 words, taking as much material from the passage as you wish. Work in pairs if practicable.

---

## VOCABULARY

| | | | |
|---|---|---|---|
| en berne | *at half-mast* | une bagarre | *brawl, scuffle* |
| sombrer | *to sink* | les gradins | *the terraces* |
| la faillite | *bankruptcy, collapse* | le fléau | *scourge, affliction* |
| gommer | *to eradicate, erase* | | |
| en argot | *in slang* | | |
| attiser | *to stimulate, stir up* | | |

la tribu   = ____ ?
la tribune = ____ ?

## QUESTIONS

1. What picture does the writer of the passage paint of Liverpool's *(a)* emotional atmosphere, *(b)* industrial situation, *(c)* future prospects generally?
   Confine your answers to the first **two** paragraphs of the passage.
2. What was Liverpool's status in the nineteenth century?
3. What steps have the City Council taken to improve things? Over what period of time?

4. What **four** points does the writer make about Liverpool Football Club in the third paragraph?
5. Explain the derivation of the term 'hooligan', according to the passage.
6. Summarise David Mulholland's theories concerning the social reasons for soccer violence.
7. What factors, according to David Mulholland, serve only to exacerbate soccer hooliganism, both on and off football pitches?
8. What test does Mrs Thatcher face, according to the *Guardian*? How is she described by the writer of the passage?
9. What measures has Mrs Thatcher ordered to combat the escalating problem of soccer violence, following the Brussels tragedy?
10. What 'historical' factor is mentioned in this connection?

**EXERCISES**

**1** Give brief examples in French illustrating the use and meaning of each of the following:

| *(a)* jouir | *(b)* faire un tour |
|---|---|
| en jeu | un tour de main |
| un jeu | un mauvais tour |
| un jouet | à mon tour |

**2** Complete the table:

| Brussels = Bruxelles | |
|---|---|
| Dover = | Athens = |
| London = | Cairo = |
| Warsaw = | Vienna = |
| Geneva = | Algiers = |
| Venice = | Tangiers = |
| Moscow = | Lisbon = |

**3** Write brief explanations in French of **five** of the following:

| les drapeaux sont | une équipe | se faire remarquer |
|---|---|---|
| en berne | un championnat | contaminer |
| faire faillite | coude à coude | |
| un tiers | | |

**4** Translate into English:

*(a)* 'ce patronyme est devenu synonyme de 'voyou' en argot'   (l. 19)
*(b)* 'une sous-culture déviante'   (l. 30)
*(c)* 'une classe qui se révolte contre l'embourgeoisement . . . du foot'

(ll. 32–3)

**5** Translate into French:

(a) Local industry is falling into decay; more than half of our workers have left the town, once the pride of the North.

(b) Our club will need money to attract good players for its football team before things get worse.

(c) When faced with rival supporters local youths joined forces to defend their territory. Next year entry without an official card will be forbidden.

(d) The town has never experienced such social problems before.

(e) This pitch used to belong to a local team before becoming an international sports stadium.

**6** Explain **in French** to your partner that you would like:

(a) a seated place in a reserved area near the exit.

(b) two standing places on the terraces for next Saturday.

(c) a ticket for a football match against a foreign side.

(d) a supporter's card to go to see a televised game this afternoon.

Take it in turns to ask and answer.

### Discutez en français

1. La violence dans le sport: quelles en sont les causes, selon vous? Comment la supprimer?
2. Décrivez votre ville, ses habitants, sa location, ses industries et ses activités culturelles/sportives.
3. Les classes sociales: sont-elles encore une réalité de nos jours? Quelle fonction (ou influence) pourraient-elles exercer?
4. 'L'embourgeoisement': pouvez-vous expliquer ce terme? Qu'entendez-vous par le terme 'une sous-culture'?

# 17

# So Dearly Missed . . .

Susan, 23 ans, Californienne: depuis huit mois, elle séjourne dans la ville de tous les dangers—Paris, France. 'Au prochain attentat, tu rentres tout de suite . . .' Daddy a dit. Susan explique: 'Là-bas, ils pensent que les bombes explosent à tous les coins de la rue.' Homme d'affaires, Daddy a annulé, cette année, tous ses déplacements transatlantiques. Comme 2 millions d'Américains.

Daddy contribue à souffler à la balance commerciale française 1 milliard de dollars, soit 30 % de ses recettes touristiques. Logique: un seul touriste américain dépense 800 dollars pour son séjour. L'an dernier, ils s'y sont mis à 3 millions. Dans l'échelle des valeurs touristiques, un Américain vaut dix Allemands . . . Imaginez combien il faudrait de Germains pour compenser . . .

Les professionels du tourisme préfèrent ne pas y penser. Et pleurent sur leurs recettes envolées: 4 millions de Francs en moins pour le seul mois de juin au Méridien-Paris, et 4,641 'nuits américaines' déprogrammées dans celui de Tours (en six mois). Le George-V perd près de 20 % de son chiffre d'affaires. Les commerces de luxe de l'avenue Montaigne révisent, eux aussi, leurs rentrées: 30 % de baisse. Comme chez les agents de voyages. Fait bizarre: le touriste en groupe se sent plus menacé que le voyageur individuel! 80 % d'annulations de congrès et de voyages d'affaires chez un spécialiste de la question voué — hélas! — pour la moitié de son activité à l'accueil des touristes américains. 'Première vague d'annulations: décembre 1985. Les attentats de Rome, de Vienne . . . c'en est trop, après le choc de l' "Achille-Lauro". Deuxième vague: les grands magasins parisiens. Troisième: la bombe à la tour Eiffel. En avril, l'affaire libyenne a définitivement ruiné nos derniers espoirs.'

Tout le monde en convient, la Libye, c'est Waterloo. Pis que Tchernobyl. Plus qu'un nuage, un orage.

Mais, de l'autre côté . . . la Libye, alibi, dit la rumeur. Personne n'est dupe. L'Amérique a ses raisons: un dollar en baisse, et une balance commerciale qui a tout avantage à garder ses résidents du bon côté. Donc, les Américains restent en Amérique.

L'orage serait-il en train de passer? Déjà, la presse américaine se gausse des frayeurs de ses compatriotes. Pensez donc: 5 victimes américaines du terrorisme en quatre mois, alors que 52 meurtres sont commis chaque jour à New York! Ouf, tout le monde respire. Les professionnels espèrent donc des jours meilleurs, et Jean-Jacques Descamps, secrétaire d'Etat au Tourisme, déclenche le plan Orsec. Objectif no. 1: récupérer un peu de glamour en déroulant le tapis rouge devant dix gros bonnets du tourisme et de la presse américains invités au mois de juillet. Le traitement sera suivi, au mois d'octobre, d'une thérapie publicitaire en profondeur. Deuxièmement: chercher ailleurs, en Australie ou au Japon, même si les Nippons s'obstinent à ne rester, en moyenne, que cinq jours. Troisième élément de l'opération de sauvetage: retenir les Français dans L' Hexagone avec une campagne franco-francophile, sur le thème: 'La France, le pays qui dépayse.'

Sylvie Santini in *L'Express*, 6.6.86

## VOCABULARY

souffler  *i.e., to prime*
  (A bout de souffle = ____?)
se gausser (de)  *to poke fun at, mock*

la frayeur  *fright, fear*
l'Hexagone  *i.e., France (a reference to its geographical shape)*

## QUESTIONS

1. Describe the respective reactions to European terrorism of *(a)* Susan, *(b)* her father, *(c)* fellow Americans. What does she mean when she says 'Là-bas' (l. 3)?
2. Using information given in the passage, estimate France's annual tourist income in dollars.
3. Explain the 'value scale' mentioned in paragraph 2.
4. Summarise how French business life has variously been affected by the prevailing situation. What three 'phases' are described in this respect?
5. What two different interpretations are placed on the consequences of the 'Libyan affair' as far as America is concerned?
6. Why should the American press criticise its own public?
7. Who is J-J Descamps? Explain his role in the matter.
8. Summarise the three elements of his campaign.
9. Why do the Japanese not make the best tourists as far as France is concerned?
10. Explain the campaign theme mentioned at the end of the passage. What is its purpose?

Working with a partner, compose a dialogue in French between Susan's father and a French journalist in New York who is interviewing him about the dangers of European travel as compared with the daily perils of life in New York. Take as much material from the passage as you can and aim to produce about 180 words in all.

## EXERCISES

1 Write brief examples in French to illustrate the difference in use or meaning between the words in each of the following groups:

| | | |
|---|---|---|
| mille | un attentat | elle était invitée |
| milliard | une attente | elle fut invitée |
| millier | une atteinte | elle a été invitée |

2 Fill each blank with a suitable form of *parvenir, revenir, convenir* or *devenir*.

*(a)* Est-ce que l'heure du rendez-vous lui _____ ou non?

*(b)* Que sont _____ les grandes industries sidérurgiques?

*(c)* Il y a deux ans elle _____ à établir une agence de voyages.

*(d)* Mes parents seront soulagés quand je _____ en France fin septembre.

NB. Use each verb once only.

3 Translate into French, referring to the passage where necessary:

*(a)* How much money have you managed to spend today? I'd rather not think about it!

*(b)* I shall be very pleased to welcome the tourist group next July for a short stay here.

*(c)* Don't change any money until tomorrow as the pound is low at the moment.

*(d)* A few American businessmen cancelled their proposed trips to Europe and so our receipts are down. We shall hope for better days soon!

*(e)* All the big Parisian stores sell luxury goods—especially during the tourist season!

4 Use these expressions taken from the passage in examples of your own:

en train de         vaut            s'obstiner (à)
se sentir           de l'autre côté pis que

5 Translate the following extracts from the passage:

*(a)* (Le George-V) perd près de 20 % de son chiffre d'affaires.'  (ll. 13–14)

*(b)* '. . . en déroulant le tapis rouge devant dix gros bonnets du tourisme . . .'  (l. 33)

*(c)* 'Le traitement sera suivi. . . .d'une thérapie publicitaire en profondeur.'  (ll. 34–5)

6 Décrivez en français à votre partenaire:

*(a)* La tour Eiffel.                *(e)* La Californie.
*(b)* Le désastre à Tchernobyl.      *(f)* La Nouvelle Vague (du cinéma).
*(c)* 'L'affaire libyenne'.          *(g)* L'incident sur l' 'Achille-Lauro'.
*(d)* Waterloo.                       *(h)* Un/e homme/femme d'affaires.

7 Rewrite each of the following in your own French without change of meaning. Begin your answer with the word(s) supplied:

*(a)* 52 meurtres sont commis chaque jour à New York.
    On . . .

*(b)* Nous pouvons séjourner à l'Hôtel du Lac—comme vous voulez.
    Si vous êtes . . .

*(c)* Mes opinions sur la France ne sont plus les mêmes.
    J'ai . . .

*(d)* Tous ceux qui sont responsables du contrôle douanier touchent un bon salaire.
Tous les . . .

*(e)* Il a oublié le nom de famille de son collègue.
Le nom . . .

## Discutez en français

1. Vos expériences de touriste: avez-vous jamais été obligé de prendre des risques?
2. Imaginez que vous soyez Susan (ou son frère) à Paris. Décrivez en détail votre séjour dans la ville à votre partenaire.
3. Travailler dans un grand magasin ou dans une agence de voyages: est-ce que cela vous plairait?
4. Qu'entendez-vous par l'expression 'un voyage d'affaires'?
5. Quels sont les buts d'un ministère du tourisme, selon vous?
6. Le terrorisme: comment le contrôler/supprimer? Vous avez des solutions efficaces à proposer?

# 18

# The French Connection (II)

Tous les moyens sont utilisés pour faire parvenir l'héroïne en France. Un trafic par voie postale a été découvert dernièrement. Il avait pris une ampleur incroyable. Certains 'passeurs' envoyaient de différents bureaux de poste de Thaïlande, dix à vingt enveloppes avec 2 ou 3 grammes d'héroïne pure dans chacune d'elles . . . qu'ils s'expédiaient, à eux-mêmes, à des boîtes postales, à une 'grand-mère' . . . Dix ou vingt enveloppes à 2 ou 3 g, 5
cela fait de 40 à 60 g au bout de dix envois. On croit vraiment rêver! Une jeune Française qui trafiquait régulièrement depuis six mois avait acheté — grâce à ses bénéfices — une maison en Normandie et un magasin de mode à Paris. Enfin arrêtée et emprisonnée, elle a eu la chance d'être remise en liberté provisoire contre versement de 40,000 $ de caution.
Aussitôt libérée et soumise à résidence à Bangkok, elle s'enfuie avec un faux passeport . . . 10
    Pourtant les Français ne sont pas réputés pour être de 'gros passeurs'. Parmi eux, un bon nombre de drogués font le voyage pour gagner un peu d'argent facilement et garder une partie de la drogue pour eux-mêmes. Marseille-Bangkok est évidemment le point de ralliement des passeurs de drogues vers la France, et pour les Français les années qui viennent risquent d'être dramatiques. Le nombre des drogués ne cesse d'augmenter et les 15
responsables des services de répression du trafic des stupéfiants sont tous conscients du drame qui se prépare. L'arrestation récente d'un passeur important prouve que la filière qui débouche chez nous est multiple et que les gros chargements alternent avec les envois et les passages des 'fourmis'. A la Direction nationale des enquêtes douanières des agents sont constamment en alerte. Leur principal travail est la recherche de renseignements pour 20
démanteler les 'filières'. Leurs lieux de travail, ce sont surtout les aéroports et les gares. Ils collaborent avec les équipes de la douane installées sur place.
    C'est surtout le conflit du Vietnam qui fit de Bangkok la plaque tournante de la drogue en Asie et le passage obligatoire de tous les réseaux. Base arrière de l'Armée américaine d'Indochine, la Thaïlande devait, durant les années, connaître sur son sol la plus grande 25
concentration mondiale d'utilisateurs potentiels d'héroïne. Parmi les touristes 'authen-tiques' que des charters bondés déversent des quatre coins du monde se trouvent aussi, malheureusement, de jeunes Européens dont, de plus en plus, de jeunes Français, garçons et filles, qui plus pressés que leurs camarades, viennent pour se droguer mais sans prendre le chemin des écoliers. Débarquant la fleur au chapeau, nos braves petits rêveurs se croient 30
arrivés au paradis de la drogue où tout est permis et où, pour quelques francs, ils vont pouvoir se 'défoncer' en toute liberté.
    Yves, 23 ans, de Paris, est venu en Thaïlande parce que la drogue y était bon marché. A Paris, il était coursier dans différentes agences. Voilà onze mois qu'il est en prison en attendant d'être jugé. Plusieurs fois déjà, il était venu pour 'consommer' sur place. 35
Dénoncé par sa logeuse, il fut arrêté alors qu'il rentrait de ville avec un autre Français rencontré par hasard. Celui-là n'était pas un drogué mais un brillant élève ingénieur qui, aujourd'hui encore, est en prison et dont la mère a fait déjà plusieurs fois le voyage Paris-Bangkok et retour pour essayer de le tirer de là. Yves prétend qu'il ignorait les rigueurs de la loi Thaï. Aujourd'hui il risque la réclusion perpétuelle car il est étranger. Mais la vraie 40
peine est la mort et, de 1978 à 1979 une douzaine de trafiquants thaïlandais ont été fusillés.

Yves refuse de prévenir ses parents trés âgés et se retrouve totalement seul.

'Comme pour tous les Français drogués emprisonnés, les premiers mois furent terribles,' me dit-il. Il trouva le moyen d'écoper deux mois et demi de cachot avec les chaînes aux pieds pour impertinence.     45

'Pour moi, la drogue, c'est fini. Si j'ai la chance d'en sortir un jour, je n'y toucherai jamais plus!'

Christian, lui, est de Cannes, où il était décorateur. J'ai du mal à croire qu'il ait 24 ans, tellement il fait jeune, avec son allure sportive. Lui n'a été arrêté qu'avec 7g, dénoncé par le chauffeur de taxi qui lui avait vendu la dose.     50

François est de Lyon. Il ne fait pas non plus ses 30 ans. Ancien moniteur de vol à voile, il est drogué depuis dix ans. Voilà deux mois qu'il est là, en cellule, et chaînes aux pieds, après son arrestation. Comme pour Christian, c'est son vendeur qui l'a dénoncé pour toucher la prime.

Quand j'ai quitté la prison de Chiang Maï, je ne pouvais m'empêcher de me retourner     55
vers les hauts murs et de penser à tous ces jeunes gars enfermés là, à des milliers de kilomètres de chez eux, certains pour la moitié de leur vie . . .

Ils sont venus chercher une évasion facile sans se douter qu'ils pouvaient ne pas en revenir.

Roger Holeindre in *Paris Match*

---

Explain the significance of 7th May 1954 in French military history.

---

## VOCABULARY

| | |
|---|---|
| une ampleur *scale, proportions* | écoper (de) *to be landed with* |
| un stupéfiant *narcotic* | *(i.e., as punishment)* |
| le versement *deposit, payment* | la peine *penalty* |
| déboucher *to have an outlet* | |
| la plaque tournante *hub, centre* | |
| (se) défoncer *to 'freak out'* | |

## QUESTIONS

1. What ingenious drug smuggling operation was recently exposed? How did it work?
2. Why was the lady shop-owner allowed out on bail? What did she then do?
3. What rôle does Marseille play in the drugs racket?
4. Give **two** translations—one literal and one explanatory, according to context — of 'fourmis'. (l. 19)
5. Explain what kinds of preventive action are being taken by the Customs authorities.
6. What factors are mentioned as having contributed to Thailand's leading rôle in the drugs trade?

7. What two kinds of 'tourist' visit the country?
8. What illustrates how seriously the Thai authorities take the growing drugs supply problem?
9. What circumstantial details do the cases of Yves, Christian and François have in common?
10. Explain the bitter irony in the last sentence of the passage.

## EXERCISES

**1** Find the French words or phrases used in the passage which are equivalent in meaning to each of the following:

*(a)* the people in charge      *(e)* (he) claims
*(b)* deliveries/dispatches     *(f)* life imprisonment
*(c)* packed/crammed            *(g)* solitary confinement
*(d)* landlady                  *(h)* athletic appearance

**2** Translate each of the following sentences into French, using **reflexive verbs** in a suitable past tense and **avoiding** the Past Historic.

*(a)* She *sat down* at the back of the plane.
*(b)* They *talked to each other* all afternoon.
*(c)* I *enjoyed myself* on holiday in the Far East.
*(d)* He *had* his hair cut before becoming a soldier.
*(e)* *Did you remember* the telephone number of the travel agency? No, *I've made a mistake.*
*(f)* The dealers *fled* at the sight of the customs team.
*(g)* We *didn't expect* to see him in prison. He *was called* Yves.
*(h)* The car *stopped* in front of the railway station entrance.
*(i)* The officers *wondered* if they had arrested the right man.
*(j)* *Have you made up your mind* to give up smoking?

**3** Finish each of these sentences in such a way that it means the same as the original.

*(a)* Nous n'avions pas la permission de débarquer.
Il . . .
*(b)* Avant de partir, Christian mit une enveloppe à la poste.
Avant que/qu' . . .
*(c)* Tous les moyens étaient utilisés pour démanteler les filières.
On . . .
*(d)* Une jeune Française fut interrogée à la gendarmerie après avoir été arrêtée.
Enfin . . .
*(e)* En ce qui concerne le nombre des trafiquants . . .
Quant . . .

**4** Explain how the meaning of each italicised adjective varies according to its position in the sentence:

(*a*) Elle habite une maison *différente* / J'ai apporté de *différentes* brochures.
(*b*) La police cherche des preuves *certaines* / Après un *certain* temps je sortis.
(*c*) Les drogués utilisent leurs *propres* instruments / Les médecins utilisent les instruments *propres*.
(*d*) L'année *dernière* j'ai eu la chance de visiter le Japon.
    J'ai vu Yves à la prison pour la *dernière* fois.
(*e*) En Asie on peut voir beaucoup de paysans *pauvres*.
    'Mon *pauvre* gars,' dit la mère, 'je vais essayer de te tirer de là!'

Now find 3 more examples.

**5** Fill in each of the 12 numbered blanks with **one** suitable word:

_____ (1) à mes collègues, j'ai _____ (2) à louer une chambre à Marseille dans un petit hôtel qui se _____ (3) aux _____ (4) de la ville. Il me _____ (5) donc prendre le car chaque matin pour me _____ (6) au bureau de la Douane, le car étant toujours _____ (7) car la _____ (8) des employés vivaient _____ (9) quelque distance du centre. On parlait ici avec un _____ (10) très fort, mais en général je me suis _____ (11) comprendre _____ (12) beaucoup de difficulté!

**6** Translate into French:

(*a*) This 'student engineer' is reputed to be a regular courier between an Army base in Vietnam and a Paris fashion-house.
(*b*) There is no chance of being set free until you find a way of establishing the truth. Don't claim to be ignorant of the law!
(*c*) François used to work as a hang-gliding instructor but he was informed on by a 'consumer' in search of the reward.

**7** Write brief examples in French illustrating how *boîte* (f.) can be used in **three** completely different ways.

(1) . . .
(2) . . .
(3) . . .

### Discutez en français

1. Est-ce que vous éprouvez de la compassion pour les trois jeunes Français emprisonnés, ou non? Expliquez vos sentiments.
2. Le métier de policier/agent clandestin/douanier: est-ce que ça vous intéresse? Donnez vos raisons, pour ou contre.

# 19

# The Romantic Revolution

La tradition romantique est essentiellement littéraire. Aujourd'hui encore, c'est dans les milieux cultivés qu'on parle du grand amour. Dans les classes paysanne et ouvrière, les femmes déclarent souvent que l'amour est quelque chose qui peut survivre dans la jeunesse, mais qu'elles ne s'attendent pas à rencontrer le prince charmant. Un tiers de la population estime qu'un bon mariage ne se fonde pas nécessairement sur l'amour. D'une 5
autre enquête récemment effectuée auprès de femmes d'âge mûr—appartenant essentiellement à la bourgeoisie, mais dont certaines sont aussi des ouvrières ou des paysannes—il ressort que les trois-quarts des interrogées ne se sont pas mariées par amour, mais avant tout pour échapper à leur famille.

L'élément essentiel de la grande passion est qu'elle est l'œuvre de l'imagination. Elle 10
fleurit là où les hommes et les femmes ont des difficultés à se rencontrer. Elle est nourrie par l'absence, par des connaissances insuffisantes, par l'idéalisation, par le désir de ne plus être séparés. Mais les femmes ne sont plus recluses dans ce monde calfeutré ou mystérieux. L'amour romantique séduisait la pauvre jeune fille qui rêvait de devenir princesse, d'être choisie pour sa beauté et non pour le besoin qu'un homme avait d'une servante qui 15
repasserait ses chemises et lui ferait la cuisine.

Les progrès de l'éducation et le libre accès de plusieurs professions ouvertes aux femmes ont mis à la disposition des plus ambitieuses des solutions plus sûres. L'amour romantique était fondé sur l'idéalisation de la dépendance et de la soumission, mais il a provoqué trop de déceptions pour survivre autrement que sous les apparences d'un fantasme enchanteur. 20

De plus en plus, l'amitié est considérée comme le fondement du mariage. Interrogés, de nombreux Français disent que l'amour est un besoin dont ils éprouvent la nécessité, sentiment qui croît avec l'âge. Mais ceux qui insistent sur leur besoin essentiel d'amitié sont deux fois plus nombreux. Quand on effectue des enquêtes parmi les jeunes, ils parlent moins souvent que jadis d'amour et de passion et davantage d'attachement, de complicité, 25
de tendresse, de douceur et d'affection.

On a longtemps cru, cependant, que l'éducation aurait pour effet d'inculquer aux générations successives des croyances, des attitudes communes; que les médias uniformiseraient les goûts et qu'ainsi les gens se ressembleraient de plus en plus. La démocratie et la société de consommation, prétend-on, provoquent un nivellement. Mais 30
les conséquences de l'éducation sont inattendues. Dans la vie privée des Français, c'est précisément le contraire qui s'est produit. L'individu a résisté aux pressions qui s'exerçaient sur lui. Il devient plus conscient de lui-même, s'interroge, cherche son identité et se fabrique une personnalité particulière. Garder un partenaire toute une vie devient d'autant plus difficile que les individus évoluent selon les expériences et les circonstances 35
imprévisibles qui se présentent. Le résultat: la vie sentimentale des Français est en pleine révolution.

Le Mouvement pour les droits de la femme a pris de l'avance en Angleterre, parce que les femmes célibataires avaient beaucoup plus de raisons de tenter de détruire le monopole masculin d'accès aux professions libérales. C'est une explication controversée. Mais la 40
révolution industrielle a fait des progrès plus rapides en Angleterre parce qu'elle avait

besoin d'une importante main-d'œuvre féminine à bon marché. Les Anglaises, paraît-il, ont dû attendre jusqu'aux années 1940 le retour à un certain équilibre entre les sexes.

En France les 'nouveaux' couples se méfient de l'engouement moderne pour les loisirs toujours partagés. Chacun a ses propres amis. Le but est de maintenir une indépendance   45 dans l'association, de ne pas échapper à la solitude au prix d'une perte d'identité individuelle dans le couple. Les partenaires ne cherchent plus à partager les tâches ménagères selon le modèle post-1968. Chacun doit plutôt s'occuper de ce dont il est capable. Chacun conserve leur indépendance financière: compte en banque personnel.

Un de ces hommes raconte: 'J'ai appris à tout faire. J'ai été habitué très jeune, ma mère   50 étant malade, à me charger des courses, de la cuisine, de tous les travaux d'une maison.' Sa compagne, au contraire, n'a pas appris à faire le ménage du tout. Ils essaient d'abolir la distinction 'masculin-féminin' des tâches; la flexibilité est leur mot-clé, mais ils ne s'attendent pas à réussir cette évolution en l'espace d'une seule génération.

Théodore Zeldin in Paris Match, 12.8.83 (abridged)

---

> Quels sont les buts de l'éducation, selon vous?
> Discutez vos idées avec votre partenaire et ensuite notez-les brièvement par écrit.

---

## VOCABULARY

il ressort que   *it emerges that* . . .
calfeutré   *enclosed, cloistered, snug*
  le (chapeau de) feutre = ——?
repasser   *to iron*
inculquer   *to inculcate, instil*
un nivellement   *levelling, evening-out*

célibataire   *single, unmarried*
un engouement   *craze, fashion*

| cru = (1) *believed/thought* |
|---|
| (2)_____ |
| (3)_____ |

---

## QUESTIONS

1. What contrasting views of romantic love are described in the first paragraph?
2. What main motivating factor for marriage is mentioned in respect of older women?
3. What circumstances, according to the passage, are responsible for the creation of 'la grande passion'?
4. How has the basis for romantic love been discredited nowadays?
5. What do many French people, particularly the young, see as the prerequisites for a successful marriage? What numbers are mentioned?
6. According to the author, what misconceptions have been exposed in respect of the influence of *(a)* education and *(b)* the media?
   How has the 'marital image' been affected?
7. What reasons are suggested for the advance of women's rights in England?

8. Briefly summarise the attitudes of the 'nouveaux couples' to traditional views of marriage and marital rôles.

> Expliquez le sens de : leur mot-clé (l. 53)
> et d' : un roman à clef (clé)

## EXERCISES

1 Fill each blank with a suitable expression with *tout* chosen from the box. Use each expression once only.

(a) Est-ce que je vous dérange? Non, _____ .

(b) Tu as fini tes devoirs? Oui, _____ .

(c) Avez-vous vu quelque chose d'intéressant dans les magasins? Non, _____ .

(d) Nous nous reverrons bientôt. A ____!

(e) Mon partenaire m'irrite quelquefois mais je l'aime beaucoup ____!

(f) Elle s'est mariée ____ sans avoir informé ses parents!

(g) Il lui faut réussir à son bachot ____ .

> tout à l'heure                rien du tout
> pas du tout          tout à coup          à tout prix
> tout de même          tout à fait

2 Rewrite **three** of the following extracts in your own French without change of meaning:

(a) 'Elle (la grande passion) est nourrie par l'absence . . .' (ll. 11–12)

(b) 'l'amour est un besoin dont ils éprouvent la nécessité . . .' (l. 22)

(c) 'Quand on effectue des enquêtes . . .' (l. 24)

(d) 'qu'ainsi les gens se ressembleraient de plus en plus.' (l. 29)

(e) 'Le but est de maintenir une indépendance dans l'association'(ll. 45–6)

3 Form each of the following into a suitable sentence in French, without using any phrase taken directly from the passage. Do not alter the word-order.

(a) Je ne m'attends pas . . .          (d) Nous ne cherchons plus à . . .

(b) De plus en plus . . .          (e) On prétend que . . .

(c) Elle se méfie . . .

4 Translate **five** of these excerpts:

(a) 'les milieux cultivés' (ll. 1–2)

(b) 'effectuée auprès de femmes d'âge mûr' (l. 6)

*(c)* '. . . ont mis à la disposition des plus ambitieuses des solutions plus sûres.' (l. 18)

*(d)* '. . . il a provoqué trop de déceptions pour survivre autrement que sous les apparences d'un fantasme enchanteur.' (ll. 19–20)

*(e)* '. . . que les médias uniformiseraient les goûts' (ll. 28–9)

*(f)* '. . . les individus évoluent selon les expériences et les circonstances imprévisibles qui se présentent.' (ll. 35–6)

*(g)* '. . . au prix d'une perte d'identité individuelle' (ll. 46–7)

**5** Give the **negative** of each of the following and explain the meaning. Do **not** use *pas* or *non*.

| | | |
|---|---|---|
| *(a)* prévu | *(e)* profond | *(h)* modéré |
| *(b)* suffisant | *(f)* content | *(i)* heureux |
| *(c)* pourvu de | *(g)* agréable | *(j)* résolu |
| *(d)* intéressé | | |

**6** Insert an appropriate preposition to follow the verb in each case and then write a brief example to show the use and meaning of the expression you have formed:

| | | | |
|---|---|---|---|
| insister ( ) | ... | appartenir ( ) | ... |
| se charger ( ) | ... | résister ( ) | ... |
| fonder ( ) | ... | dépendre ( ) | ... |
| considérer ( ) | ... | se diriger ( ) | ... |

**Discutez en français**

1. Quels sont, à votre avis, les rôles masculins/féminins? Est-ce qu'ils existent?
2. Décrivez les événements de Mai, 1968 en France.
3. Quelles sont vos idées sur le mariage? Discutez les pressions qui s'exercent sur les jeunes à cet égard.
4. Est-ce que vous êtes 'conscient de vous-même'? Décrivez votre personnalité.
5. Les buts du Mouvement pour les droits de la femme.
6. La tradition romantique littéraire.

# 20

# After the Bomb

Dans le village de montagne où les Français sont en résidence surveillée, l'événement d'Hiroshima a été connu dès le lendemain, le 7 août. La bombe nous apparaît d'abord comme l'incroyable miracle qui nous ouvre les portes de la liberté. Mais notre enthousiasme est de courte durée. Nous découvrons bientôt que ce que la bombe nous apporte, c'est surtout un angoissant suspense, et qu'elle rend notre sort terriblement incertain.          5

Pendant des jours qui nous paraissent interminables, le Japon hésite entre la capitulation et la bataille suprême, et cela veut dire, nous le savons bien, que sont en balance aussi notre vie et notre mort.

Le secret est tel que les Japonais ne savent encore rien. Sur la bombe, on ne leur a donné que les informations les plus vagues. Sur les négociations de paix qu'elle a provoquées, ils     10
n'ont rien entendu. Le 15, enfin, la police militaire annonce à la population qu'on va lui dire où on en est. L'Empereur lui-même va, ce qui est un événement sans précédent, faire entendre sa voix à la radio dans une proclamation à son peuple.

Les assistants sont réunis devant le seuil de la maison, car celle-ci est trop petite pour les accueillir à l'intérieur. 4 heures . . . Un speaker fait une annonce d'une voix grave. Les     15
gens se raidissent et baissent la tête sur un commandement du chef. C'est l'attitude de respect prescrite en présence du souverain. Mais elle a ceci d'inattendu que l'objet de leur respect angoissé est le poste de radio lui-même, solennellement installé sur une simple chaise de paille devant la porte.

Un silence . . . Et puis voici la voix jamais entendue . . . Une voix un peu rauque, lente,     20
trop posée, comme de quelqu'un qui lit un texte. Et tout de suite la surprise: on n'y comprend à peu près rien! Le souverain parle l'extraordinaire et solennel langage réservé au Fils du Ciel. Langue antique et presque chinoise, qui a peu de chose en commun avec la langue du vulgaire. Curieusement, il faudra que tout de suite après intervienne la voix d'un speaker officiel qui viendra traduire en langage clair ce que l'Empereur vient de dire: alors     25
seulement ce sera vraiment compris.

Puis les sanglots éclatent, les rangs se rompent en désordre. Quelque chose d'énorme vient de casser: le rêve orgueilleux du Grand Japon. Aux millions de Japonais il ne reste plus qu'une douleur vraie, pitoyable et toute simple, la blessure saignante de leur patriotisme vaincu. Ils fuient, ils se cachent pour pleurer. Dans le village règne le silence.     30

Ainsi, tout était fini: le Japon capitulait. Le drame était joué, et, à cet instant du dénouement, nous pensions que les acteurs en étaient désormais pour nous sans secrets. Mais non, ce n'était pas tout. Le caractère japonais nous réservait une dernière surprise. Après avoir caché sa face pour pleurer, le Japon s'est montré à nous de nouveau, il entrait tranquillement dans la défaite, il semblait y avoir une facilité déconcertante dans son     35
acceptation, il tournait la page sans drame apparent, en arborant même sur son visage une lueur qu'on n'y avait pas vue depuis bien longtemps: le sourire japonais.

Sourire, d'abord, des policiers, ces maîtres de notre destin; sourire des autorités; sourire des bonnes gens pour les étrangers comme si renaissent soudain les beaux jours d'un Japon d'autrefois, courtois et hospitalier; d'aimables volontaires m'abordent gentiment pour     40
m'offrir leur assistance: 'Puis-je vous aider à porter votre bagage?'

Et le guide fait un geste pour montrer la gare détruite, la plaine de ruines qui fut Tokyo, et il rit, de ce rire japonais . . .

Sourires des Japonais entre eux, sourires de la presse, sourire enfin du petit peuple . . . car le meilleur modèle offert au peuple japonais par l'occupation, c'est le soldat américain qui, avec sa gentillesse bruyante, constitue en effet une réussite totale, de jour et de nuit. Devant les passants qui font cercle autour d'eux, les Yankees, êtres miraculeux, d'une taille incroyable, aux poches toujours pleines, rient, mangent, boivent et découvrent le remarquable pouvoir d'achat du chocolat. Le petit peuple autour d'eux ouvre des bouches bées, moins pour admirer le spectacle gratuit que pour en absorber les leçons comme une nourriture. On apprend à dire 'Hello!', à accrocher un shake-hand à la courbette inevitable, à mastiquer du chewing-gum.

Mais populace et politiciens ne s'attardent pas longtemps aux endroits trop en vue de la parade américaine. Emportant comme un butin les leçons apprises et les ordres reçus, ils s'en retournent, se faufilent dans le grouillement de la ruche et disparaissent dans ses profondeurs. Là, tout ce qui pénètre du dehors commence à subir l'examen de fines antennes, le travail d'innombrables mandibules. Tout se transforme et se reforme. Tout ce qui s'emmagasine passe d'abord par des bains qui retrempent toute chose aux couleurs japonaises. Des acides commencent à ronger tout ce qui n'est pas japonisable, tandis que des sucs assimilent lentement tout ce qui peut être absorbé: en vue de sa remontée proch-aine, le nouveau Japon digère en secret l'occupation américaine.

45

50

55

60

Robert Guillain: *Historama (Le Sourire Japonais)*, August 1985 (abridged)

## VOCABULARY

| | |
|---|---|
| le sort/destin *fate, destiny* | arborer *to sport, wear* |
| les assistants *bystanders, audience* | bouche bée *(mouth) agape* |
| se raidir *to stiffen* | la courbette *low bow* |
| de paille *wicker (straw)* | se faufiler *to slip/thread one's way through* |
| le vulgaire *the common people* | s'emmagasiner *to be collected/stored up* |
| le sanglot *sob* | les sucs *juices* |
| saigner *to bleed* | |

> vague = ____?
> la vague = ____?
> un terrain vague = __?

## QUESTIONS

1. Under what circumstances were the French people living in Japan?
2. What was their initial reaction to the Hiroshima bombing? How did this reaction change?

3. How well-informed were the Japanese people about the bomb and its consequences?

How were they to hear the news definitively?

4. Briefly describe the scene as the local people gather at 4 pm. What was particularly incongruous about their behaviour?

5. What was so surprising about the Emperor's announcement? Explain the reasons.

6. How did the listeners behave after the announcement? Explain why.

7. What surprise was in store for the writer, however? How did it reveal itself in everyday life?

8. What picture is painted of the typical American soldier of occupation? How do the Japanese react to him, according to the author?

9. Explain in detail the digestive process described in the last paragraph, with special reference to the image of 'la ruche'  (l. 55), 'de fines antennes' (ll. 56–7), and 'd'innombrables mandibules' (l. 57). What is the end result of it all?

10. What might the writer mean by his reference to 'le nouveau Japon' (l. 61)?

## EXERCISES

**1** Insert a suitable form of *porter, remporter, apporter, supporter* or *emporter* to fill each blank. Use each verb once only.

*(a)* Est-ce que ce restaurant offre des repas à _____ ?

*(b)* Les paysans chinois _____ les grands chapeaux de paille.

*(c)* Un jeune écrivain, presque inconnu, a _____ le prix Goncourt de littérature.

*(d)* _____-moi la radio, s'il vous plaît. Je voudrais écouter une émission.

*(e)* Attention! Je ne peux pas _____ cette musique bruyante!

**2** Write a brief explanation **in French** of each of these terms:

*(a)* la/une renaissance (cf. l. 39)       *(b)* la capitulation (ll. 6–7)

*(c)* 'japonisable' (l. 59)                       *(d)* le/un dénouement (l. 32)

                                                              *(e)* le pouvoir d'achat (l. 49)

**3** Translate **three** of the following excerpts from the passage:

| | |
|---|---|
| *(a)* 'de courte durée' | (l. 4) |
| *(b)* 'on va lui dire où on en est' | (ll. 11–12) |
| *(c)* 'mais elle a ceci d'inattendu' | (l. 17) |
| *(d)* 'qui viendra traduire en langage clair' | (l. 25) |
| *(e)* 'avec sa gentillesse bruyante' | (l. 46) |

**4** Give a **noun** formed from each of the following words taken from the passage and state the gender and meaning of each.

| | | | |
|---|---|---|---|
| disparaître | _____ | saigner | _____ |
| découvrir | _____ | traduire | _____ |
| intervenir | _____ | réunir | _____ |
| courtois | _____ | aimable | _____ |
| lent | _____ | hospitalier | _____ |
| orgueilleux | _____ | antique | _____ |

**5** Write brief sentences **in French** illustrating the difference in use and meaning between the words in each group:

| | | | |
|---|---|---|---|
| accrocher | ranger | le sourire | la populace |
| décrocher | ronger | la souris | la population |
| raccrocher | s'arranger | le sursis | le peuple |

**6** Translate into French:

*(a)* Everything we heard on the radio was in a language we couldn't understand at all.

*(b)* This antiquated radio set has a height of one metre, a width of almost half a metre and a depth of more than three quarters of a metre!

*(c)* We reported the orders received, the lessons learned, the information given, the negotiations completed and the secrets discovered.

*(d)* It will be necessary to translate most of the Emperor's speech into the local slang, which will not be easy!

*(e)* As the presenter made his announcement all the bystanders gathered around respectfully inside the chief's house.

*(f)* A single ticket; a Ladies' singles (tennis); an ordinary soldier (a private).

## Discutez en français

1. La force de frappe nucléaire: une défense ou une menace? Quel est votre avis?
2. L'essor industriel du Japon: comment l'expliquer—comment l'imiter, ou le limiter?
3. Quels sont les atouts de l'énergie atomique? Quels sont les dangers? Comment les maintenir en équilibre?
4. Devenir traducteur-trice/interprète: un métier attrayant ou non? Justifiez vos motifs.

# 21

# Portraits of Petainism

Nous voici à Vichy: Capitale de la France, en 1940. Chef de l'Etat: Philippe Pétain, quatre-vingt-quatre ans. Une santé de fer, un appétit merveilleux, une taille droite et cambrée de jeune hussard, le teint clair, l'œil bleu et vif, une humeur toujours simple et sereine. Parfois enjouée: il chantonne des airs d'opérette en se taillant lui-même la moustache, le matin. Il déteste les vieillards, moque les généraux et adore les femmes.                                                5

Pétain! On ose écrire, aujourd'hui, de quelle idolâtrie il fut l'objet, on ose avouer que les Français, dans leur immense, dans leur écrasante majorité, vénérèrent ce vieillard, écrasé de gloire (Verdun!) mais pimpant sous les années. Henri Amouroux écrit justement: 'Acclamant Pétain, les Français n'acclamaient pas un "bon vieux", mais un homme hors du temps, vainqueur de l'âge, un modèle d'équilibre et de santé qui fait honneur à la race,          10
que l'on envie, que l'on peut opposer sans ridicule à l'armée hitlérienne tout entière, comme un symbole.' Pétain, le père, le grand-père, l'aïeul immémorial, l'histoire glorieuse comme refuge, le chêne tutélaire sous lequel la France s'abrite. Enfin, le gaillard auguste possédait cette grâce, cette 'présence' séduisante qui frappait tous ceux qui l'approchaient. Dans un atelier de l'usine Ciba, le Maréchal aperçoit une ouvrière qui pleure d'émotion. Il          15
va vers elle, il lui tend la main: elle s'évanouit. On voit le visage d'un aveugle de guerre ruisselant de larmes quand il apprit d'un voisin que la main qu'il tenait dans la sienne était celle du Maréchal. Photos, calendriers, portraits partout apparaissent. On encadre le portrait, on l'expose en vitrine, on l'entoure de fleurettes. Il arrive même que l'on prie devant lui. Erreur, un jour il marchera entre deux gardes, condamné à mort pour la          20
trahison de sa patrie.

Même lorsque les temps se firent plus durs—et jusqu'en 1944—le Maréchal fut, ouvertement ou en secret, respecté. De cette ferveur, de cette fidélité, 'la Légion française des combattants', fondée en 1940, est garante et propagandiste. Un million sept cent mille adhérents en 1943, dans la seule zone libre! Quel parti, avant ou après l'Occupation,          25
comptera autant de militants, dans toute la France? Aucun. Mais après Stalingrad et au fur et à mesure que la défaite de l'Allemagne apparaîtra plus proche, la Légion verra ses rangs s'éclaircir. Certains de ses éléments extrémistes rejoindront la Milice, la police paramilitaire dirigée par Joseph Darnand contre la Résistance.

Pendant quatre ans d'occupation il y eut d'autres drames aussi: en 1942, c'est un          30
nouveau problème qui se pose pour l'Etat vichyste. D'une part, en compensation des prisonniers qu'ils ont, d'autre part parce qu'ils ont besoin de main-d'œuvre, les Allemands exigent que 250,000 jeunes Français, si possible ouvriers qualifiés, aillent travailler chaque année outre-Rhin et proposent un troc: un prisonnier contre trois ouvriers. Pour les ouvriers, rations de nourriture doubles ou triples; les conditions de logement, som-          35
ptueuses. Le 11 août 42, le premier convoi de prisonniers libérés au titre de la 'Relève' arrivait en face de Compiègne. Symboliquement, on lui avait fait croiser, en route, un train de travailleurs. Malheureusement, très vite, la Relève s'essouffle; le Sto (Service du travail obligatoire) la remplace. Du coup, les Zazous coupent leurs cheveux et disparaissent de la circulation et beaucoup de jeunes gens se précipitent dans les maquis au cours des derniers          40
mois de l'Occupation. Ainsi, grâce au refus du Sto, la Résistance vit grossir ses effectifs et le

pétainisme cède au gaullisme. Avant de Gaulle les avenues de la République s'appelaient Pétain; pour ces jeunes Français et Françaises elles deviendraient bientôt les chemins de l'héroïsme et de la Libération.

Jean Cau: 'Les Français sous l'Occupation',
in *Paris Match*, 22.1.82 (abridged)


## VOCABULARY

un hussard   *hussar, i.e., 'dashing' cavalry soldier*
enjoué(e)   *cheerful, bright*
pimpant   *of smart appearance*
l'aïeul   *grandfather, ancestor*
tutélaire   *guardian (adj.), protective*
auguste   *augúst, noble, imposing*

garant(e)   *guarantor   (for),   trustee*
un troc   *an exchange, 'swap'*
la Relève   *change-over, relief (milit.)*
les Zazous   *young trendies*
le maquis   *clandestine resistance organisation ( origin of the term = _____ ?); (le maquisard)*


## QUESTIONS

1. What portrait is painted of Marshal Pétain *(a)* as a person
                                              *(b)* as a national figure?
2. In what ways did French people demonstrate their veneration of him?
3. How was their adulation later to prove to have been misplaced, according to the writer?
4. What are we told about the 'Légion . . . des Combattants'?
5. Explain the factors that led to its decline in numbers.
6. What suggests that the 'Milice' may have been of assistance to the German army of occupation?
7. Describe the political/economic background to the 'Relève'.
8. Explain how and why its replacement affected recruitment for the forces of the Resistance.

---

Explain the difference in use and meaning between 'écrasante' (l. 7) and 'écrasé' (l. 7), and give a third meaning of the verb 'écraser' in a brief example of your own.

---


## EXERCISES

1 Give the 'root' word in each of the following and the meaning of the actual word appearing, all taken from the passage:

*(a)* encadrer   *(b)* s'éclaircir   *(c)* malheureusement   *(d)* entourer

**2** Fill each blank with a suitable form of one of the verbs chosen from the box. Use each word once only.

*(a)* _____ votre crayon si vous voulez que je signe ce document!
*(b)* Un coup de fusil a _____ le silence de la forêt.
*(c)* Le maquisard est tombé et s'est _____ le bras.
*(d)* Le milicien lui _____ le pistolet avant qu'elle pût tirer.
*(e)* La mort de son fils lui a _____ le cœur.
*(f)* Lisez ce message secret et puis _____ -le!
*(g)* Le général me _____ la parole et donna ses ordres d'un ton autoritaire.

| | | | |
|---|---|---|---|
| casser | briser | arracher | tailler |
| | couper | rompre | déchirer |

**3** Explain in French the meaning of **four** of these excerpts:

*(a)* 'on ose avouer que . . .'          (l. 6)
*(b)* 'un homme hors du temps'          (ll. 9–10)
*(c)* 'il lui tend la main'          (l. 16)
*(d)* 'au fur et à mesure que'          (ll. 26–7)
*(e)* 'la Relève s'essouffle'          (l. 38)

**4** Rewrite each of the following in your own French without altering the meaning of the original:

*(a)* '. . . de quelle idolâtrie il fut l'objet'          (l. 6)
*(b)* 'cette "présence" séduisante'          (l. 14)
*(c)* '(la main) qu'il tenait dans la sienne'          (l. 17)
*(d)* '(la Légion) verra ses rangs s'éclaircir'          (ll. 27–8)
*(e)* '(la Résistance) vit grossir ses effectifs'          (l. 41)

**5** Translate the following sentences using suitable expressions of place and direction choosing some, perhaps, from the box.

*(a)* We looked up; above the trees we could see a fighter plane (*avion de chasse*) going straight towards the town on the other side of the hills.
*(b)* The prisoner leapt through the open window, ran along the road beside the canal and escaped across the fields behind the farm.
*(c)* Far below the bridge the river flowed between high banks, glittering in the sunlight before our eyes, as far as the distant valley.
*(d)* Opposite the barracks (*la caserne*) just outside the village we watched the recruits marching up and down, shouting 'Down with Pétainism!'

*(e)* As we advanced through the jungle it became darker; enemy soldiers hid among the bushes, lying flat on the ground.

| | | | |
|---|---|---|---|
| à travers | au-dessus de | à mesure que | sous |
| entre | au delà de | loin | en face de |
| au-dessous de | tout droit | vers | devant |
| à bas | en haut | en bas | parmi |
| le long de | à côté de | hors de | sur |
| par | jusqu'à | | |

**6** Give the Present Participle of each of these verbs and then use them in brief examples of your own either as a verbal or adjectival expression:

*Example*:  (tailler)  . . . en se taillant lui-même la moustache.
(Verbal)
*Example*:  (ruisseler) . . . le visage ruisselant de larmes
(Adjectival)

| Infinitive | Present Participle | Example |
|---|---|---|
| séduire | ——— | ——— |
| être | ——— | ——— |
| craindre | ——— | ——— |
| saisir | ——— | ——— |
| impressionner | ——— | ——— |
| s'éclaircir | ——— | ——— |
| s'asseoir | ——— | ——— |
| coudre | ——— | ——— |
| craindre | ——— | ——— |
| fuir | ——— | ——— |
| attirer | ——— | ——— |
| surprendre | ——— | ——— |

**7** Write in French a paragraph of about ⸢75⸣ words on **three** of the following subjects. Useful information on them can be found in:
*La France de Vichy* by Robert O. Paxton
   (French translation by Claude Bertrand, Éditions du Seuil)
*Paris under the Occupation* (Illustr.) by David Pryce-Jones
*A History of Modern France*, Vol. 3 (Pelican) by Alfred Cobban

*(a)*  Philippe Pétain et le régime de Vichy
*(b)*  Charles de Gaulle et la Résistance
*(c)*  La Milice
*(d)*  La Zone Occupée
*(e)*  La Libération

**Discutez en français**

1. Le patriotisme: un sentiment démodé?
2. Les écrivains de la Résistance. La puissance de la propagande.
3. Les qualités nécessaires pour exercer le métier d'agent secret.
4. Les Résistant(e)s célèbres.
5. Écrivez un portrait d'un grand personnage militaire, ou d'un(e) ancien(ne) combattant(e) que vous connaissez.

# 22

# Fingertip Control

'Si Sherlock Holmes vivait aujourd'hui, explique un commissaire branché, il programmerait ses enquêtes sur ordinateur, manierait la caméra vidéo à la place de la loupe et rechercherait des empreintes digitales à l'aide d'une 'souris-curseur' sur un écran de contrôle.' La police de papa est, en effet, bien morte, assassinée par l'électronique et les computers. Vive la police scientifique et technique, réanimée en force par le ministre de      5
l'Intérieur qui a placé à sa tête l'une des vedettes de la Police nationale, Jacques Genthial, l'ancien chef de la Brigade criminelle, 'saqué' par Gaston Defferre et (1) *remis en selle à cette occasion.*

L'une des premières tâches de ce nouveau service sera de faire recouvrer la mémoire à la police. Il s'agit d'informatiser et de moderniser les antiques fichiers du banditisme.      10
Paradoxe: le fichage par l'ordinateur des délinquants et autres 'suspects' permettra sans doute de mettre un peu d'ordre dans la pagaille des fichiers manuels, pieusement conservés dans chaque service et qui, parfois, (2) *n'ont été remis à jour* depuis la guerre. Certains, comme les listes électorales corses, contiennent un nombre respectable de personnes mortes et enterrées depuis longtemps.      15

On estime que les empreintes de près de 50 millions de doigts sont conservées. Seulement, (3) *par manque de moyens*, les fichiers des 18 services régionaux d'Identité judiciaire ne sont pas reliés entre eux. Conséquence. un truand arrêté puis relâché à Marseille peut, (4) *en tout anonymat*, commettre un autre casse à Lille; (5) *il n'a aucun risque d'être identifié.* (6) *Il lui suffit d'emprunter un faux nom.*      20

Pour mettre de l'ordre dans cette pétaudière, Jacques Genthial vient de lancer une expérience pilote qui débute, ce mois-ci, à la P.j. de Versailles.

Projet ambitieux. Il s'agit d'informatiser 20000 empreintes digitales de malfaiteurs jugés et de les mettre en mémoire. Ce programme français est le plus performant d'Europe, puisque l'opération sera entièrement automatisée. On sait que chaque empreinte digitale      25
est unique, immuable et inaltérable: le bout des doigts de la main ou du pied conserve, (7) *de la naissance à la mort*, le même dessin. Même détruite, la peau repousse identique. Une caméra vidéo va donc classer les empreintes en différentes catégories pour les intégrer à la machine. L'ordinateur éliminera les empreintes en double, mais (8) *il pourra livrer l'auteur* d'une empreinte relevée dans un endroit suspect.      30

En novembre 1984, par exemple, on a retrouvé, au domicile d'une vieille dame assassinée dans le XVIIIe arrondissement de Paris, l'empreinte très nette de l'un de ses meurtriers. L'ordinateur pourrait, en priorité, comparer en deux heures les 4 millions d'empreintes de sa mémoire — c'est sa capacité maximale — avec l'empreinte relevée, et (9) *'cracher' une dizaine de fiches*, dont, avec un peu de chance, celle du tueur.      35

Si l'expérience de Versailles se révélait concluante, l'ordinateur (10) *pourrait tourner à plein rendement* dès la rentrée. Ce nouveau fichier est surveillé de très près par la Commission nationale de l'informatique et des libertés, qui (11) *veille à préserver* les libertés individuelles.

Il existe, cependant, d'autres fichiers informatisés. L'un d'eux, le F.p.r. (fichier des p. . .      40
re. . .), contient quelque 250 000 noms: (12) *il s'agit de malfaiteurs de tout poil* réclamés par

la P.j., les expulsés de toutes nationalités, (13) *débiteurs du Trésor* (les mauvais payeurs du fisc), automobilistes (14) *à qui on a retiré leur permis de conduire*, interdits de séjour, aliénés, évadés, terroristes signalés, chefs de famille en vadrouille. Trois mille enfants ou adolescents sont répertoriés dans la machine.

45

(15) *Ce fichier est interrogé tous les jours* à partir des terminaux du troisième étage du ministère de l'Intérieur. (16) *Lorsqu'on débarque en France*, l'agent de la police de l'air pose parfois votre passeport sur un lecteur optique relié au terminal de l'aéroport, qui interroge l'ordinateur central. Si le voyant vert s'allume, tout va bien; si c'est le rouge . . .

Jean-Marie Pontaut in *L'Express*, 7.6.85

## VOCABULARY

la pagaille *muddle*
un casse *break-in*
une pétaudière *state of chaos*
la P.j. (la Police judiciaire) = C.I.D.
de tout poil *all types of*

(être) en vadrouille *on the rove; absconded*
cracher *to 'cough up', produce*
le fisc *Inland Revenue*
NB. le banditisme *crimes of violence*

| | | |
|---|---|---|
| veiller | = ___? |
| la veille | = ___? |
| la vieille | = ___? |

## QUESTIONS

1. How, is it suggested, would Sherlock Holmes' crime detection techniques be different if he were alive today?
2. What has happened to the 'police de papa'? Explain why.
3. What are we told of Jacques Genthial?
4. What needs to be done to improve the police filing system? Give **two** examples of its present inefficiency.
5. Explain why Lille and Marseille should be particularly mentioned.
6. Why should the updating process described be 'ambitieux'?
7. What biological facts are we given about fingerprints? Is this the whole story?
8. What happened in November 1984? Where in Paris? Describe how computerisation could have aided rapid solution of the crime.
9. What kind of civilian checks are being made in respect of the new computer mentioned?
10. Complete the blanks in lines 40–1.
11. List, in English, **ten** categories of people on file in the F.p.r.
12. Explain what procedure might take place as you set foot in France.

'si c'est le rouge . . . .'
Assuming this to be the case, continue the story in French, describing
the possible background and consequences of a realistic but imaginary
scenario linked to the contents of the passage. It may be useful to work
in pairs or in groups, at your tutor's discretion.

## EXERCISES

1  Express the meaning of the italicised and numbered portions of the text (1–16)
   in other words in French. Both shorter and simpler phrases are acceptable,
   provided that they are accurate.

2  Translate each of the following sentences into French, using material from the
   passage where appropriate.

   *(a)* A film star has arrived at the airport under an assumed name.
   *(b)* For lack of information the C.I.D. officers had to release the arrested
         offender.
   *(c)* Our new computer has just been delivered; it will be relayed to the central
         terminal on the fifth floor of company headquarters. *(le siège social)*
   *(d)* Since the red light has lit up airport police will detain us for questioning.
   *(e)* Clear fingerprints of the old lady's killer have been found and entered into
         the computer so that they can be identified as rapidly as possible.
   *(f)* Inquiries are being made and dozens of files being examined by a former
         police superintendent.

3  Insert *à* or *de*, making any minor adjustments necessary:

   *(a)* Puisqu'elle est malade, tu dois y aller __ sa place.
   *(b)* Ma première tâche sera __ vérifier tous les résultats __ très près!
   *(c)* Mme Lefèvre a été placée __ la tête __ notre comité d'accueil.
   *(d)* __ quoi s'agit-il? Je tiens __ vous remercier tout __ même!
   *(e)* On lui a permis __ quitter le pays et renoncer __ ses activités criminelles.
   *(f)* Il te suffira __ montrer ta carte __ identité __ la police de l'air avant __
         débarquer.
   *(g)* Est-ce que vous possédez un permis __ conduire valable? __ quoi bon ce
         document faux?
   *(h)* C'est mon frère qui m'apprend __ me servir __ son ordinateur.
   *(i)* Nous venons __ acheter un téléviseur __ écran vert! Avez-vous vu le
         programme __ la télé hier soir?
   *(j)* Je ne comprends pas sa façon __ opérer; il fait ses enquêtes __ une manière
         clandestine!
   *(k)* Qu'est-ce que le suspect a dit __ cette occasion? On lui a conseillé __
         changer __ prénom!

**4** Working with a partner, explain clearly **four** of the following **in French**:

un ordinateur            Sherlock Holmes
un truand                un fichier manuel
une selle                classer
veiller                  une vedette

une 'souris-curseur' (You might both try to explain this one!)

**5** Qu'est-ce que c'est? Décrivez-la en français et expliquez son importance dans les recherches criminelles.

**6** Fill each of the blanks with a suitable word formed from *lire*:

(a) Parfois on utilise un ____ optique dans les banques pour vérifier l'identité d'un client inconnu.

(b) Elle va souvent à la bibliothèque parce qu'elle aime la ____.

(c) 'Avez-vous ____ ce rapport officiel?'

(d) J'ai fumé ma pipe en ____ le journal quotidien.

(e) Cette écriture est à peine ____! Je ne peux pas la déchiffrer.

(f) Ma sœur travaille comme ____ dans une université française.

(g) Le poète Charles Baudelaire dédia son livre de poèmes 'Les Fleurs du Mal' à son 'cher ____'

**Discutez en français**

1. 'les listes électorales corses . . .' Qu'est-ce que vous savez sur la Corse? L'avez-vous jamais visitée?

2. Chaque année des milliers de jeunes gens quittent la maison familiale et risquent de perdre le contact avec leurs parents. Pouvez-vous suggérer pourquoi ils sont allés 'en vadrouille'? Pouvez-vous le comprendre?

3. Décrivez à votre partenaire un roman/film policier que vous avez trouvé intéressant.

4. Les problèmes de l'adolescence: est-ce qu'il est vraiment difficile pour les jeunes de se débrouiller dans notre société actuelle?

5. Les ordinateurs: un danger ou une bénédiction? Qu'est-ce que vous en pensez? Exprimez vos sentiments là-dessus à un(e) partenaire.

# Appendix: Specimen Papers

2. *Read the following passage carefully and then answer* in English, *giving* all relevant *details, the questions that follow.*

L'épreuve se court sur sept tours du circuit des Monts d'Auvergne et ne pose aucun problème de ravitaillement. Barbara se trouve en sixième position sur la grille de départ, en raison de l'excellente moyenne réalisée la veille. La victoire qu'elle cherche ne se situe pas au niveau du centième de seconde mais des centaines de millions d'années qui confirment la soumission de la femme à l'homme.    5

Le départ est donné "à la poussette". Barbara ne dispose d'aucune réserve de force physique dans son grand corps mal nourri. Sa moto gronde donc plus tard que les autres. A Montlhéry, elle courait parmi des pilotes au talent plus ou moins confirmé. Ici, un essaim de débutants l'entoure et roule déjà à 100 à l'heure, en    10 s'engouffrant dans le premier virage qui ferme la ligne droite des tribunes.

Quand elle attaque la grande ligne droite entre les deux passerelles, Barbara se trouve seulement en vingt et unième position, par la faute de son départ incertain. Mais elle dispose d'une machine parfaitement au point. Elle saute donc neuf motos paresseuses: elle dévore tout vif deux garçons dans les virages précédant le    15 kilomètre 3. Gilbert, qui détient les chronomètres, enregistre le premier tour: les 8 055 mètres du circuit en 4'13", soit 114,616 de moyenne. Quand Barbara lit le chiffre sur le panneau signalisateur qu'il brandit au second tour, elle pense: "Oui, mais Hailwood a tourné une fois en 3'36", record absolu à 134,250. J'en suis loin!"    20

Barbara sait parfaitement ce que le grand public ignore: gagner quelques secondes au tour sur un circuit aussi rigoureusement sélectif que celui de Charade représente déjà une performance.

Elle couvre le troisième tour en 4'18", gênée par des concurrents moins rapides ou plus timorés. Elle sait qu'elle ne peut gagner sans l'atout virage et elle le joue    25 avec une décision qui fait vibrer les jeunes spectateurs. On les entend crier:

—Attention! Voilà la survireuse!

Elle arrive à grande vitesse, entre en décélération sur freinage tardif, épouse la courbe "en majesté", superbe en son uniforme de cover-girl motorisée, gainée dans sa combinaison de cuir doré, chaussée de fines bottes assorties, casquée d'or    30 comme une miniature médiévale, puis elle s'envole en flagellant son moteur avec une brutalité masculine.

Plusieurs concurrents ont déjà chuté dans les lacets de retour vers les tribunes. En voyant leur machine reléguée sur les bas-côtés de la piste, Barbara gronde avec une cruauté froidement objective: "Chic, une de moins!... Bravo, deux de 35 moins!... Parfait, trois de moins!..."

Elle se trouve maintenant en cinquième position, mais déjà fatiguée par cet énorme effort déployé pour regagner les douze places perdues par un mauvais départ. Et elle a beau virer à la limite de sécurité, au-delà parfois, elle ne progressera plus désormais. Les quatre pilotes qui la précèdent sont naturelle- 40 ment les meilleurs du lot. Pour les vaincre, ce n'est pas l'audace qui lui manque, mais une certaine précision dans la manœuvre, le centième de seconde gagné en rentrant une vitesse, l'art de ménager ses freins qui, maintenant, perdent leur efficacité primitive, la précision parfaite dans la géométrie des trajectoires . . .

Isolée dans sa cellule, Barbara ne peut savoir que dix mille motards suivent sa 45 course, pointent ses passages, notent ses temps, bien qu'elle ne boucle plus qu'en 4'25''. Malgré la performance modeste, elle représente la vedette de cette coupe Kawasaki, parce que femme, parce que célèbre à force d'exposer son visage impassible sur la couverture des magazines, parce que vêtue comme une princesse des Mille et Une Nuits. Ils sont six au début du dernier tour. Elle a beau forcer son 50 talent dans les virages dont elle sort dangereusement, l'écart entre elle et eux s'est plus ou moins maintenu quand elle franchit la ligne d'arrivée.

Quand elle entre au parc fermé, après les cinquante-six kilomètres de ce circuit tortueux, elle jette sa Kawasaki sur l'herbe, retire son casque, se laisse tomber dans les bras de Gilbert. Déjà, les trois premiers concurrents classés se dirigent 55 vers le podium. Puis, un homme qu'elle ne connaît pas, large d'épaules, visage rond, cheveux frisés, œil rieur et bienveillant, s'avance vers elle et se présente. C'est Maugendre, le directeur de l'épreuve. Il lui dit en souriant:

—Mademoiselle, bien que ce ne soit pas réglementaire, je vous prie de monter sur le podium avec les vainqueurs, vous l'avez bien gagné! 60

Elle le contemple et enrobe sa réponse d'un sourire mélancolique:

—Monsieur, je ne désire pas qu'on m'honore selon le sexe . . . Je ne monterai sur le podium qu'invitée par le chronomètre!

1. Give details of the race Barbara participated in and where it took place. *(7 marks)*
2. What problems did she face at the beginning of the race? *(5 marks)*
3. Why was she slower on the third lap than on the previous two? *(3 marks)*
4. Describe Barbara's clothing. *(6 marks)*
5. Summarise the reasons why she could not improve on 5th place in the race. *(12 marks)*
6. Why was she considered the "star" of the race? *(3 marks)*
7. What are we told about Maugendre? *(6 marks)*
8. How did Barbara respond to his suggestion? *(4 marks)*
9. What evidence is there in the passage to show Barbara's determination throughout the race? *(4 marks)*

*(Total of 50 marks)*

## SPECIMEN QUESTION FOR NEW AEB FRENCH A-LEVEL (PAPER 2, QUESTION 2)

2. *Do* not *translate. Read the following passage carefully and then answer* in English *the questions which follow it.*

Quand, sur la recommandation de la directrice de son cours, Anne avait reçu une convocation des *Papeteries réunies*, une joie conquérante s'était emparée d'elle. Elle s'était présentée à l'heure indiquée. Mais à peine franchie la grille, elle s'était trouvée, sans bien savoir comment, dans un petit bureau triste et sombre où d'autres candidates attendaient anxieuses, assises sur le bord de leur   5 chaise. . . Il n'y avait plus de siège. Elle avait dû rester debout jusqu'au moment où une porte s'était ouverte sur une grande femme revêche qui les avait interpellées.

— Pour le poste de sténodactylo. . . Nous allons faire un essai. . . Si vous voulez bien me suivre. . .   10

Dans une salle, des machines à écrire étaient préparées. On leur avait distribué un texte. Il lui avait fallu un prodigieux effort de volonté pour dominer sa nervosité, éviter des fautes de frappe et, un peu plus tard, retrouver en sténo sa vitesse habituelle.

L'épreuve finie, la femme les avait sèchement remerciées:   15

— On vous écrira . . .

Elles s'étaient retrouvées dehors toutes les six, se regardant avec un peu de méfiance et un curieux sentiment de gêne qui ressemblait à de la honte.

— Ils disent toujours ça, avait soupiré une petite boulotte qui ne devait pas en être à sa première tentative, et ils n'écrivent jamais.   20

Ils avaient écrit cependant, un imprimé rempli d'une main hâtive. Une visite encore avant de signer sa lettre d'engagement. Un salaire moins important qu'elle ne l'avait espéré, mais qu'elle avait accepté, trop heureuse, après cette attente, d'avoir la place.

Anne ouvrit la porte de l'appartement, traversa l'entrée obscure et pénétra   25 dans sa chambre dont elle claqua la porte. Elle chercha ses pantoufles et courut vers la cuisine où Louise s'affairait. Elle saisit sa mère dans ses bras, l'embrassa avec fougue et s'écria:

— Ça y est, maman, ça y est! Je suis acceptée! Je commence demain!

— Quelle chance! dit Louise. J'espère que tout le monde sera gentil pour toi.   30

— Naturellement, ma douce! On ne va pas manger ta fille, répondit-elle, taquine. Et, tu sais, c'est une grosse boîte. . . Plusieurs millions d'affaires par an . . . Quinze sténodactylos et neuf cents francs par mois pour débuter. Ce n'est pas si mal. Et puis je monterai en grade. Que crois-tu que père va en penser?

— Il sera content, bien sûr. . Tiens, le voilà.   35

La porte d'entrée s'ouvrit avec fracas et Léon Moiraud entra en chantant.

— On l'a acceptée aux *Papeteries réunies*, dit Louise. C'est une maison sérieuse; elle commence demain.

Léon tapota la joue de sa fille.

— C'est bien, fillette. Le travail, vois-tu, il n'y a que ça. Mais il faut en profiter   40 quand on est jeune.

A quarante-cinq ans lui n'était plus assez jeune pour accomplir cet effort quotidien. Après quelques années de dur travail comme transportateur, la guerre et quatre ans de captivité en avaient fait un autre homme. Le beau garçon plein d'allant et de drôlerie avec qui Louise avait connu quelques années de bonheur  45
n'avait plus le coeur à l'ouvrage. Il passait au café le plus clair de son temps, jouant aux cartes ou revivant les aventures imaginaires de sa vie de prisonnier. Il n'avait gardé de sa jeunesse que sa gaieté, son humeur tapageuse et un optimisme qui croissait avec sa paresse.

Louise s'usait à faire des travaux de couture pour colmater les brèches que la  50
prodigalité et l'insouciance de Léon creusaient dans son budget. Il ne semblait pas, cependant, qu'elle fût malheureuse. Elle accueillait les extravagances de son mari avec une indulgence que la résignation ne suffisait pas à expliquer. Bien qu'Anne eût moins d'indulgence et souffrit de vivre dans ce logement incon-
fortable et de voir sa mère s'épuiser à la tâche, elle s'amusait, elle aussi, de la verve  55
intarissable de son père.

Séduisant, son père avait dû l'être. Il avait ces yeux chauds de Méridional, ce teint basané qui plaisent aux femmes. Mais ces séductions ne suffisaient pas à compenser les privations de toute une vie et l'angoisse de la misère.

Anne aussi était gaie, avait envie de rire, de chanter, et elle se sentait prête à  60
mordre à belles dents dans les fruits dorés de la vie. Mais elle se promettait bien de ne pas tomber dans les pièges auxquels Louise s'était laissé prendre.

Ce soir, elle avait remporté sa première victoire, fait ses premiers pas sur la route qui devait conduire au succès.

a) What kind of test did Anne have to carry out?
   (*Test of secretarial skills/copy-typing/shorthand*)                    (*3 marks*)

b) How many candidates were called for the post, and in what
   state of mind were they before and after the test?
   (*Six*; before the test: *nervous, anxious/apprehensive.*
   After the test: *mistrustful/distrustful/suspicious; embarrassed/
   uncomfortable.* One at least *pessimistic/jaundiced/unhopeful*)      (*6 marks*)

c) What are we told about the firm to which Anne applied?
   (*Makes paper/stationery, etc. Large. Turnover of several million
   francs per annum. Employs 15 secretaries. Not particularly
   generous in salaries*)                                               (*5 marks*)

d) What evidence is there in the text to show that Anne was
   ambitious?
   (*She states her confidence in obtaining promotion/the author
   indicates her desire to profit from the good things in life/her
   determination to avoid burdensome domesticity*)                     (*6 marks*)

e) Indicate other characteristics that Anne possessed.
   (*Competent in secretarial skills/confident of ability; sympathetic
   and loving towards mother; somewhat less sympathetic but loving
   towards father; sense of humour/fun; lively/cheerful;
   prudent/sensible/realistic attitude towards family and life*)       (*10 marks*)

f) How did the war affect Leon Moiraud?
*(Changed him; aged him; four years of imprisonment made him
lose appetite for work/became lazy; spent time drinking, playing
cards and bragging)*                                        *(8 marks)*

g) What was Louise's reaction to these changes in her husband?
*(Took in sewing to make ends meet, but remained
cheerful/happy; tolerant/resigned/indulgent, so presumably had
not lost her love for Leon)*                                *(6 marks)*

h) Which aspects of Leon Moiraud's character could be described
as attractive?
*(Optimism, cheerfulness, lively outgoing personality. Physically
attractive, dark, warm-eyed)*                               *(6 marks)*

*(Total—50 marks)*

## SPECIMEN QUESTION FOR NEW UNIVERSITY OF OXFORD DELEGACY OF LOCAL EXAMINATIONS FRENCH A-LEVEL (PAPER 2, QUESTION 2)

2. Read the following passage carefully and answer the questions set on it. **The answers must be entirely in English**. No credit will be given for anything in French.

### The Cinema in France

Le mot 'crise' résonne dans le cinéma français, au moins depuis les années 20. Changements techniques (le passage du muet au parlant, du noir et blanc à la couleur, de l'écran standard au cinémascope ou autres procédés d'agrandissement du spectacle); difficultés économiques; coupure des années de guerre; concentration des circuits de production, distribution, exploitation; concurrence de la télévision par la diffusion de films à domicile et aujourd'hui, marché des vidéocassettes. Si, jusqu'ici, chaque crise a été, finalement, surmontée, cela ne veut pas dire qu'il en sera toujours de même.   5

Les spectateurs qui entrent dans les salles se soucient peu, en général, des problèmes industriels du cinéma français. Ils laissent cela aux économistes, aux historiens. Pourtant, en dépit de l'attraction toujours grande des films américains, les Français aiment leur cinéma. Ils en parlent dans les transports en commun, chez le coiffeur, au restaurant. Ils le cherchent sur le petit écran, ils le choisissent pour leurs sorties, ils ont, avec lui, une relation d'habitude sociale qui peut être parfois aussi culturelle, même s'ils le veulent divertissement. Le cinéma, désormais média parmi d'autres médias, dont certains lui servent de support, n'a plus le caractère mythique et fascinant qu'on lui a connu. Il est entré à l'école et à l'Université. On l'enseigne.   10   15

La situation du cinéma en France est devenue complexe, et c'est pourquoi quelques informations de base sont nécessaires. Avant la deuxième guerre   20 mondiale, les méthodes de production, en dehors des grandes firmes, étaient anarchiques. L'après-guerre a vu s'exercer le contrôle de l'Etat sur cette industrie privée, pour l'assainissement de ces méthodes. D'un côté, on a vu créer un Centre National de la Cinématographie; de l'autre, l'Etat s'est décidé à intervenir dans le financement des films, par des subventions, et par des prêts calculés selon les   25 recettes éventuelles. Ce régime administratif a connu, depuis quarante ans, de nombreuses difficultés, mais dans l'ensemble il reste solide. Les dispositions prises pour le sauvetage et la conservation des films ont peu à peu porté leurs fruits. Ainsi la reconnaissance culturelle du cinéma est-elle une des caractéristiques les plus importantes du système français.   30

La transformation de ce qu'on appelle le 'parc' des salles en complexes de multi-salles remplaçant les vastes cinémas de quartier qui, à Paris et dans les grandes villes, perdaient leur clientèle, a aussi considérablement contribué à changer l'exploitation des films, par leur rotation rapide dans les cinémas selon le chiffre des entrées en première semaine. Le temps n'est plus où la province devait   35 attendre la fin des exclusivités parisiennes, pour voir affichées les nouveautés. Sauf cas très particuliers, les sorties—et pas seulement pour le 'nouveau Belmondo' ou le 'nouveau Delon'—sont maintenant nationales, ce qui, évidemment, influe sur la carrière des films et sur la mobilité des spectateurs. L'actualité galope à toute allure, la discrimination Paris–province s'efface.   40

Il est certain que le cinéma français est attaché à sa survie. Mais bien qu'il garde la faveur des spectateurs, il se trouve, une fois de plus, dans une époque de mutation qui, en dépit de bulletins de bonne santé, ne laisse pas optimiste. Car— on en fait trop rarement mention—beaucoup de techniciens de la profession cinématographique (qui a comporté en tout temps une part d'incertitude; on n'y   45 travaille pas à plein temps) voient s'aggraver leurs périodes de chômage et tirent la sonnette d'alarme.

(a) What advances in cinema technology have affected the film industry in France over the last sixty years?   *(3 marks)*
*(Changes from silent films to sound (1); from black and white to colour (1); from standard screen to wide screen (1))*

(b) In what ways has the coming of television affected the cinema?   *(3 marks)*
*(Competition (1) from films shown on television (1) and from video (1))*

(c) What evidence is there that the French appreciate their own film industry?   *(5 marks)*
*(They talk about it (1) on public transport ($\frac{1}{2}$), at hairdresser's ($\frac{1}{2}$), at restaurant ($\frac{1}{2}$), look for films ($\frac{1}{2}$) on television (1), choose cinema as evening out (1))*

(d) Why has the cinema lost much of its power of attraction?   *(2 marks)*
*(Competition from other media (1); taught in schools and universities (1))*

*(e)* (i) Why did the State intervene in the running of the French
film industry?                                                                    · *(2 marks)*
*(To clear up (1) anarchical, disorderly pre-war methods (1))*

(ii) What form did this intervention take?                         *(4 marks)*
*(Setting up of National Centre (1); providing subsidies (1),
and loans (1), based on eventual takings (1))*

(iii) How well has it worked?                                         *(2 marks)*
*(Numerous difficulties (1) but basically satisfactory (1))*

*(f)* The article refers to certain changes which have taken place in
cinema buildings.
(i) What are these changes, and why have they occurred?   *(2 marks)*
*(Large cinemas subdivided into smaller ones (1) because of
falling audiences (1))*

(ii) How have these changes affected the way films are selected
for showing?                                                              *(3 marks)*
*(Films changed round rapidly (1) according to takings (1) in
first week (1))*

(iii) What effect has this had on the relationship between Paris
and the provinces?                                                       *(2 marks)*
*(Films get out to provinces sooner (1); gap between Paris and
provinces narrowing (1))*

*(g)* What is the present state of the French cinema? What
particular danger now threatens it?                                *(4 marks)*
*(Precarious (1); film technicians (1) having increasing gaps
between jobs (1) and sounding a warning (1))*

Total mark (scaled up from 32)                                    *(40 marks)*

# Acknowledgments

The authors and publishers wish to thank the following for permission to use extracts: Nelson-Harrap for excerpts from *Le Notaire du Havre* by Georges Duhamel; *Le Chateau de ma mère* by Marcel Pagnol; and *Les Petits enfants du siècle* by Christiane Rochefort; Macmillan for an excerpt from *Le Silence de la mer* by Vercors; Editions Gallimard for an excerpt from *La Peste* by Albert Camus; *Paris Match* for the following articles: 'Treasure island' by Anne Braillard; 'The French connection I' and 'The French connection II' by Roger Holeindre; 'The romantic revolution' by Theodore Zeldin; and 'Portraits of Petainism' by Jean Cau; Hodder and Stoughton for excerpts from: *Les Saints vont en enfer* by Gilbert Cesbron; *325,000 francs* by Roger Vailland; *Le Blé en herbe* by Colette; *L'Express* for the following articles: 'Save the whale' by Françoise Monier; 'The Coca-Cola story' by Sylviane Steine; 'A fortune down under' by Joseph Roy; 'Soccer hooligans' by Ghislaine Ottenheimer; 'So dearly missed . . .' by Sylvie Santini; 'Fingertip control' by Jean-Marie Pontaut; Editions Stock for 'After the bomb' from *Le Sourire Japonais: Historama* by Robert Guillain; Editions Albin Michel for the article 'The early days of rock & roll' from *Le Blues moderne* by Philipe Bas-Rabérin; The Associated Examining Board and The Oxford Delegacy of Local Examinations for specimen papers.

Thanks are also due to Mme Sylvie Nikjooy who kindly read through the manuscript and made several valuable suggestions.